JN434524

민주주의 자유론

민주주의 자유론

자유 정체의 탐구

조영식 저
미원전집편집위원회 편저

발간사

책은 시대를 초월해 존재할 수 있는가. 의미 있는 하나의 사상은 그 자체로 이미 당대 현실에 대한 비판이자 실천이라 할 수 있다. 이론은 단지 이론으로서만 가치를 지닌 것이 아니다. 그것을 탄생시킨 역사적 현실과 현재에 대한 부정, 그리고 미래에 대한 지향성이라는 세 차원을 동시에 내포하고 있다. 미래에 대한 진정한 전망들은 언제나 그렇듯 그 시대에 대한 역사적 성찰과 분리될 수 없기 때문이다. 역사와 현실을 벗어난 어떤 이론 혹은 사상은 실천적 힘을 발휘할 수 없다. 그것은 책의 진실이다.

하지만 책은 시대를 초월해 존재할 수 있다. 시대적 한계로부터 자유로울 수 있다. 가령 단 하나의 인간을 위한 책이 존재할 수 없는 것처럼 단 하나의 사회 혹은 시대만을 위한 책이란 존재하지 않을 것이다. 당대의 삶과 현실에 대한 문제의식에서 출발한 것이라 해도 그것은 언제나 이미 더 나은 삶과 세계를 지향하기 마련이다. 인류 역사는 현실적인 목표와 이상적인 삶의 전망, 이념과 실천, 가치와 행위 사이에서 힘의 균형을 이룸으로써 변화하고 발전해왔다. 그것은 책이 한 시대에 뿌리를 내리면서 동시에 그 시대를 초월해 존재할 수 있는 이유이다.

그 점에서 어떤 사상이나 이론도 완결적인 것이라고 말할 수 없다. 그 모든 이론들은 본질적으로 완결될 수 없다. 시대의 변화와 흐름 속에서 새롭게 조명되기도 하고 또 폐기되기도 한다. 마치 생명을 가진 존재처럼 살아 있는 사상이 되기도 하고 그렇지 않기도 한다. 의미 있는 하나의 철학과 사상을 담은 책은 그야말로 완결된 미완의 상태라고 말할 수 있을 것이다. 우리가 다시 읽고자 하는 미원美源 조영식 박사의 시대 정신 또한 그러하다.

조영식 박사의 철학은 평화사상을 기반으로 한다. 그의 평화철학은 고유한 하나의 역사적 배경을 가진 정치사상에서 출발한다. 평화에 대한 기획들은 한국이 겪은 근현대사, 다시 말해 일제강점과 해방, 그리고 한국전쟁으로 이어지는 한국사의 고유성과 분리해서 설명할 수 없다. 그의 사상은 한 시대의 한계와 진실을 모두 흡수한 사유 체계라 할 수 있다. 그러나 그는 민족주의와 국가 재건이 유일 목표로 제시되던 시대에 세계정부라는 이상사회를 주장한다. 민족을 넘어 하나로 통합된 사회를 지향한다. 그 개념은 민주주의적 이상사회이자 당위의 세계이며, 이는 후에 오토피아로 명명된 세계로 발전해간다. 아직 그가 꿈꾼

이상사회는 도래하지 않았다. 그의 사상은 미완의 기획이 됐다. 그러나 이러한 미완의 구상들이야말로 한 시대를 발전시키는 동력이 아닌가. 더구나 세계사를 이끌어온 근대적 정치 지형은 변화하고 있다. 경계를 넘어 차이를 횡단하는 초국가 이론들이 제기되고 있다. 이러한 시대적 변화는 조영식 박사가 미완으로 남겨놓은 과제들을 새롭게 해석할 수 있는 가능성이다.

하나의 책이 진정으로 완성된다는 것은 그것이 언제나 새롭게 다시 쓰일 수 있을 때이다. 새로운 현실, 새로운 삶 속에 뿌리내릴 때 비로소 의미를 지닐 수 있다. 우리가 미원 조영식 박사의 저작들을 새로운 시대의 언어로 다시 쓰는 이유이기도 하다. 이 책은 초판이 출판된 시점의 시대적 분위기를 충분히 고려하면서도 현대적 맥락 속에서 조영식 박사의 사상들을 반추하는 데 그 목적이 있다. 그의 저작들이 새로운 맥락에서 더 깊고 풍부한 깊이를 얻을 수 있기를 바란다. 물론 그것은 전적으로 이 책을 읽는 독자의 몫이다.

미원전집편집위원회

미원조영식박사기념사업회

서문

자유 정체의 탐구

자유에 대해 바로 아는 것은 인간의 진리를 깨닫는 것이다. 인간의 삶이란 궁극적으로 자유에 대한 추구라고도 말할 수 있다. 즉, 인류의 장구한 역사는 자유에 대한 쟁투 과정이다. 개인이건 집단이건, 권력자이건 아니건 모든 인간에게는 자유를 꿈꾸고 또 유지하려는 의지가 존재한다.

"자유를 다오, 그렇지 않으면 죽음을 달라"고 말한 패트릭 헨리Patrick Henry를 기억해보라. UN 조선위원회 환영식에서 "독립이 아니면 죽음을 달라"고 외친 조병옥 박사의 사자후 또한 어찌 잊겠는가. 이 모든 자유에 대한 절규는 자유에 대한 소중함과 존귀함을 말해준다.

그렇다면 자유란 무엇인가. 막연하고 경솔하게 자유를 논해서는 안 될 것이다. 진정으로 뜻 깊은 삶을 영위하고 가치 있는 국민의 의무를 다하기 위해서는 자유의 참뜻을 되새길 필요가 있다. 자유의 참뜻을 알고 난 후에야 비로소 인간은 완전한 행복을 향유할 수 있다.

일러두기

1. 이 도서는 1948년 10월 15일 한일공인사에서 출간된 『민주주의 자유론』 초판을 오늘날의 표현으로 풀어 쓴 리라이팅본이다.
2. 본문의 맞춤법, 고유명사, 띄어쓰기, 숫자 등의 표기 방법은 국립국어원 표준국어대사전 원칙에 따라 변경했다.

   ※고유명사의 경우, 원어 표기가 없어 확인이 불가한 내용은 원본 표기를 따랐다.
3. 저자가 쓴 주석을 [원주]로 표시하여 수록했다.

차례

John Milton's Cry

"Give me the liberty to know,
to utter, and to argue freely
according to my conscience
above all liberties!"

— "Areopagitica" (1644)

양심에 따라서만 알려고 하고
말하려고 하고
또 자유로이 토의할 수 있는
자유를 나에게 다오
모든 자유에 앞서서
이러한 자유를 먼저 다오!

서론

한국의 근현대사에서 잔학한 일제강점기만큼 강렬하게 자유의 소중함을 느꼈던 때는 없을 것이다. 또 강권침략주의가 패망하고 해방된 8·15 직후처럼 자유에 대한 갈망이 컸던 때도 없다. 그 당시 자유는 곧 해방이요, 독립이며 인간의 행복이었다.

자유권은 불가침적인 천부권리로서, 인간의 절대적 조건으로 인식되었다. 미국 독립투쟁 시기 독립운동가로 나섰던 패트릭 헨리Patrick Henry가 자유가 아니면 죽음을 달라고 말했던 종언적終焉的 선언도 그 때문이다. 전제사회나 독재사회 혹은 근대 외국의 식민 경험을 가진 자에게 자유에 대한 추구는 그러한 경험을 가지지 않은 사람들과 결코 비교할 수 없는 절대적 힘을 지닌다.

자유는 비인간적인 굴종에 대한 정당한 거부이다. 인간이라면 누구나 자신의 자유를 지킬 수 있는 힘을 지니고 있어야 한다. 우리는 자유를 위해 죽을 수도 있다. 자유는 그야말로 인간다운 삶의 근간이자 인격의 본질이다. 자유 없이는 인격 또한 없다. 자유를 박탈당한 자에게 가치 있는 삶이란 존재할 수 없다!

그러나 이토록 소중한 자유도 제대로 지켜내지 않으면 아무런 의미가 없다. 자유를 태양이나 공기처럼 무한히 주어지는 것으로 이해한다면, 그것은 방종과 무엇이 다르겠는가. I. 칸트Kant가 자유를 윤리의 근본으로 이해하고, J. 로크Locke가 자유와 평등을 동시에 이야기한 것도 제한 없는 자유에 대한 반성에서 비롯한 것이었다. 생리적 작용이 선천적으로 주어진 생명의 기반이라면, 자유는 후천적으로 주어진 인간사회의 필연적 기반이다. 인간은 자유에 대한 추구가 강렬한 만큼 사회공통선을 갈구한다. 무제한의 자유는 문화와 이성을 가진 인간의 삶을 와해시키고 말 것이다. 자유를 추구하는 것이 타당하다면 사회공통선을 실현하고자 하는 인간의 노력 또한 요구된다.

자유는 정의의 조건이다. 자유는 사회 정의를 가능하게 하는 조건이다. 방종한 상태가 아니라 사회의 정의를 실현하기 위해 우리를 합리적인 길로 인도하는 기반이다. 자유는 사회 정의 실현을 위한 보편타당하고 정당한 길을 알려주는 나침반과 같다.

자유는 소수 몇몇 사람의 소유물이 될 수 없다. 인간의 자유는 역설적으로 만인의 평등을 부르짖는다. 내가 남보다 잘살겠다고 외치는 것이 자유가 아니다. 나도 남도 다 함께 잘사는 사회가 진정으로 자유로운 사회이다. 어느 누구도 자유를 독점할 수 없다. 모든 인간은 본디부터 자유를 향유할 수 있는 권리를 가진 평등한 존재이다.

따라서 민주사회에서 모든 시민은 자유를 추구하고 실현해야 하는 과제를 부여받고 있는 것이다. 자유는 방종적 파괴 행위가 될 수 없으며, 더욱 나은 삶을 위해 협동하는 건설적 행위이다.

우리는 식민지의 삶을 통해 다른 어느 민족보다 자유의 의미를 깊이 깨닫게 되었다. 쓰라리고도 애통한 식민 경험을 통해 자유의 값이 얼마나 크고 존귀한 것인지를 알게 된 것이다. 그러나 안타깝게도 진정으로 자유의 의미를 깨닫지 못한 것은 아닌가하는 의구심이 든다. 자유가 사회에 이익과 행복을 가져다주는 진실한 추구가 부족하다. 자유를 동경하지만 개인적 자유만을 추구할 뿐 다 함께 살아가는 사회와 국가를 망각하고 있는 듯하다. 나만 잘살면 된다는 방종한 자유가 과연 일제강점기 동안 우리 민족이 갈구했던 그러한 자유라고 말할 수 있을까.

그렇다고 국가의 명령에 절대적으로 순종해야 한다는 것은 아니다. 그 또한 방종적 자유 못지않게 어리석다. 그것은 마치 자유를 사람의 목숨이 하늘에서 왔다고 생각하는 봉건 시대의 신념을 그대로 답습하는 것과 같다. 전제사회의 철쇄를 끊고 진정한 자유를 추구하지 않으면 안 된다. 발전하고 생성하는 자유를 통해 민주주의적 자유로 나아가지 않으면 안 된다. 발전하는 자유, 국민 전체의 이익에 부합되는 자유, 항상 옳은 것을 위해 노력해 마지않는 건설적인 자유, 이것만을 추구하고 좇아야 할 것이다. 민주사회의 자유야말로 우리를 전인적 인간으로 완성시켜줄 뿐 아니라 인간사회의 이상을 성취하도록 도울 수 있다.

그렇다면 자유의 정체는 무엇인가. 나는 자유를 철학적으로 구명하고 자유의 진리를 밝히고자 한다. 그러나 앎이 여전히 부족하여 자유의 본질을 완벽하게 제시할 수 있을지 걱정이 앞선다. 모든 질정叱正에 대해 겸허히 받아들이며 이 작은 책을 감히 세상에 내놓고자 한다. 조금이나마 자유의 정체를 해명하는 데 도움을 된다면 그것으로 이 책의 소임은 다한 것이라 믿는다.

이 책이 나오기까지 도움을 주신 김완규 선생, 김기석 선생, 황순원 선생께 심심한 사의를 표한다. 장석만 선생의 격려 또한 잊지 않을 것이다.

단기 4281년(1948년) 3월 18일

미원美源

1

자유의 발생적 의의

제1절
자유의 본원적 의미

제2절
의지의 자유론과 필연론

제3절
개인선행설과 국가선행설

제4절
자유의 성격

제1절

자유의 본원적 의미

자유란 절대계絶對界의 것이 아니다. 자유는 우리가 살아가는 상대계相對界의 산물이다. 따라서 자유는 집합적 사회에서만 그 존재 의미를 갖는다. J. W. 괴테Goethe나 F. W. J. 셸링Schelling이 말한 것과 같이 '참된 나[眞我]'는 자유를 기반으로 하며, 이상적인 사회란 바로 이러한 개인의 자유를 최대한 보장하는 데 있다. 그러나 더욱 중요한 것은 자유가 사회를 이루며 살아가는 인간의 진정한 존재가치라는 점이다. 칸트가 『도덕철학원론』에서 자유를 일컬어 인간에게만 존재하는 윤리의 출발점이라고 말했던 것은 그 때문이다.

칸트는 인간을 이성과 감각이라는 두 차원이 통합된 존재로 이해했다. 이성은 감각의 필연성을 극복하고 '~않으면 안 된다', '~여서는 안 된다'는 도덕 법칙을 부여한다. 칸트의 정언명법定言命法이 바로 그것이다. 그런데 인간의 자유는 바로 이러한 도덕적 정명의 조건이다. 도덕 법칙과 자유의지는 같은 것이며, 자유란 이성이 명령하는 것에 의지하는 인간의 본질적인 힘이라고 할 수 있다. 인간의 이성이 신성과 같지 않다는 점 때문이다. 기실 완벽한 이성만이 존재하는 세계에서 도덕 법칙이란 존재하지 않을 것이다. 이성의 명령과 모든 것이 일치할 것이다. 신과 같은 존재에게 도덕 법칙은 필요 없지 않은가. 신의 모든 행동이 곧 이성 그대로의 행동이 될 것이기 때문이다. 그러나 마찬가지로 인간이 감성계에만 속한다면 어떠할 것인가? 만일 인간이 감성만을 지니고 이성을 가지지 않았다면 그 역시 도덕 법칙을 필요로 하지 않을 것이다. 오로지 필연적 자연의 인과 법칙에 의거하여 모든 감정과 욕망이 발동할 것이기 때문이다.

다행히 인간은 이성과 감성 모두를 가지고 살아간다. 한쪽에서는 이성의 법칙이 존재하고, 다른 한쪽에서는 감정과 욕망이 존재한다. 이러한 이중성 때문에 도덕 법칙이 생겨난다. 도덕 법칙은 인간에게는 삶의 필연성을 극복하고 이성적 명령에 따라 '~않으면 안 된다', '~여서는 안 된다'는 정언명령을 부여한다.

칸트는 자유를 이러한 정언명령을 받아들이는 힘이자 조건이라고 생각한다. 자유가 있기에 인간은 도덕 법칙을 만들고 실천할 수 있다. 만일 인간이 이성만을 지녔다면 모든 행위가 의지의 자율(이성)과 항상 일치할 것이며, 따라서 도덕 법칙 또한 불필요하게 될 것이다. 그러나 만일 그렇다면 인간의 자유와 도덕이란 필연적 인과관계의 소치에 불과한 것이 되고 만다. 인간은 감성과 이성을 통합적으로 지닌 존재이기에 자유를 통해서만 인과적 필연성을 극복하고 도덕 법칙을 만들고 이를 실천할 수 있는 것이다. 그 점에서 자유란 인간의 가치를 실현하는 기반이다. 칸트가 자유를 인간의 생명이라고 말할 것은 이러한 맥락에서다. 자유가 있어야만 도덕생활도, 가치 실현도 가능하다.

그런데 더욱 중요한 것은 이러한 자유와 도덕이 인간이 함께 집단을 이루어 살아가는 사회가 전제되어야만 존재할 수 있다는 사실이다. 진정한 자유란 고립된 개인이 아닌 집합적 사회에서 그 의미를 지닌다. 이 때문에 셸링은 자유란 개인 혼자 살 때에는 의식할 수 없으며 다른 사람들과 같이 모여 살 때 서로 제한을 받는 가운데서 그 의미와 필요성이 감지된다고 말했다. A. 콩트Comte도 인간을 사회적 동물이라고 했다. 인간의 특징은 집단생활 안에서 표현되며 사회를 떠나고서는 삶을 유지할 수 없다. 인간의 모든 문화는 사회를 떠나서는 그 어떤 것도 설명할 수 없다. 인간의 참된 행복은 개인의 고립적 생활에서는 찾을 수 없다. 인간의 진정한 안녕과 평화, 복지 이 모든 것은 집단생활 가운데서만 존재하고 누릴 수 있는 것이다.

이에 J. S. 매켄지Mackenzie는 『윤리학 입문Manual of Ethics』에서 인간의 이상적인 자아[理想我]는 '고립된 나'에 의해서는 실현될 수 없고, 인류의 유기적 집합체인 사회에서만 실현 가능하다고 역설한 바 있다. M. 그린Green도 홀로 존재하는 인간에게서는 양심이 창출되지 않으며 양심이란 언제나 사회를 필요로 한다고 말했다. 양심도, 이상적 자아도 사회생활의 소산이며 인간은 사회를 떠나고서는 삶과 행복을 영위할 수 없다.

인간의 삶에서 생명과도 같은 자유란 무엇을 의미하는가. 사전적 의미에서 자유란 강제 없는 상태의 실현을 의미한다. 자유란 강제에 대립하는 상태이다. 인간은 이처럼 강제 없는 삶에 대한 추구를 통해 더욱 규율적이고 발전된 삶을 영위할 수 있었던 것이다.

이러한 자유는 어떻게 주어지는가. J. J. 루소Rousseau가 말한 바와 같이 인간은 선천적으로 자유롭고 평등하다. 사회의 일원인 이상 인간은 태어나면서부터 자유롭고 평등한 권리를 향유한다. 한편 로크는 『인간지성론』에서 인간의 지식이나 관념이 선천적으로 주어진 것이 아니라 경험과 감각재感覺材에 대한 반성을 통해 이루어진다고 말한다. 그의 경험론은 당시까지도 팽배했던 관념론을 극복하는 혁명적 사유로 평가된다. 특히 지위, 명예, 귀천이 선천적인 것이 아니라 후천적으로 형성된 것이라는 지적은 더욱 그러하다. 역사적으로 이러한 자유사상의 바탕으로는 우선 1688년 영국에서 일어난 명예혁명Glorious Revolution을 떠올릴 수 있다. 명예혁명은 무혈 혁명으로서 국회와 국왕과의 투쟁을 국회의 승리로 종결시킨 역사적 사건이다. 자유사상을 바탕으로 개인주의와 인본주의를 태생시켰으며, 나아가 중세기 봉건사상의 소산인 전제주의에 도전했다. 또한 현실을 경시하고 내세만을 찬양하는 교황의 독재를 거부했다.

좀 더 거슬러 올라가서 생각해보면, 이탈리아를 중심으로 발흥한 르네상스 역시 역사적으로 매우 중요한 의미를 지닌다. 15세기 르네상스가 없었다면 이 모든 자유주의 사상은 오늘과 같은 형태로 발전할 수 없었을 것이다. 또한 중세 시대 동안 인류는 종교적 맹목 속에서 내세를 위해 현세를 희생하는 것을 강요당했다. 르네상스는 바로 이러한 맹목을 부정하고 왕권과 신권의 권력 남용을 비판하고 부정했다. 철학적으로는 신본주의에서 인본주의로 철학적 관점을 이동함으로써 인간의 자아를 재발견하는 계기가 됐다.

또한 자유 관념의 발전의 측면에서는 16세기 종교개혁 역시 빼놓을 수 없는 중요한 변혁이었다. 당시 종교개혁을 이끈 존 콜릿John Colet은 교회의 모든 부패와 모든 퇴폐, 또 그 밖의 모든 비행은 승려들의 탐재욕에서부터 나온 것이라고 비판했다. 그의 이 연설문은 1512년 성 바오로 사원 집합에서 선언된 것인데, 당시 종교계의 부패에 대한 묘사는 매우 놀라운 것이었다. 이후 M. 루터Luther는 부패를 초래하는 교회 면죄부를 비판하고 자유 신앙을 주창했다. 루터는 대금貸金에 대한 성서의 금령이 절대적인 것이 아니라는 J. 칼뱅Calvin의 주장을 바탕으로 교부敎父 이론을 공격했다. 한편 A. R. J. 튀르고Turgot는 중상주의를 반대하는 종교가들에게 대해 그 정당성을 토로했다. V. 츠빙글리Zwingli 역시 신新 종교 건설을 주창했는데, 그의 생각은 자유사상을 근간으로 하는 개인주의와 자본주의를 양산하는 원동력이 됐다.

이와 같은 다양한 사상 혁명을 통해 새로운 시대 정신을 바탕으로 새로운 자유주의 정치사상이 발화했다. 그 변화의 요체는 새로운 신학과 우주관의 개발로서 이를 통해 국가가 자유로운 개인들이 모여 만들어진 정체로서의 자유체自由體로 규정된다. 자유주의는 새로운 세계에 대한 이상과 변화 속에서 요구된 하나의 정치사상이라고 말할 수 있다.

H. J. 래스키Laski는 자유사상을 통해 근대적 개념의 지리적 발견이 있었다고 말한다. 또 다음과 같이 말한다. 봉건적 경제 관계의 파괴가 있었으며, 로마의 지상권至上權을 부인하는 새로운 교회의 창설이 가능해졌다. 인간에 대한 사상을 변혁하는 과학 혁명, 새로운 부를 창출하고 인구를 양산하는 기술 혁명을 낳았다. 무엇보다도 인쇄술의 발달로 문학이 확산되고, 막연하고도 불완전한 지방주의가 중앙집권적인 강력한 국가로 응집되기 시작했다.

이러한 역사적 배경 속에서 자유사상이라는 새로운 정치 이론이 발생하게 된 것이다. N. 마키아벨리Machiavelli나 J. 보댕Bodin에서 볼 수 있는 것과 같이 삶의 문제들은 이제 신과 인간의 종속적 관계에서 인간과 인간의 관계로 재인식됐다. 정치 이론들은 인간과 관련된 모든 생산 관계를 재규정했다. 프랑스 혁명은 바로 이러한 사유의 변화 및 새로운 정치사상의 구현이라고 말할 수 있다. 자아의 발견과 자유사상의 실천이라고 할 수 있는 프랑스 혁명은 루소의 감정적 혁명론을 이론적 토대로, 절대군주제와 전제정치를 부정했으며 민권 옹호를 주창했다.

한편 유럽에서는 J. 벤담Bentham의 공리론功利論, 그린Green의 자아실현설을 통한 이상주의 사상, 로크의 인간지성론 등 계몽사상이 중세적 사유 체계를 혁신적으로 변화시켰다. 이 시대의 사상가들은 자유 정신으로 충만한 인간관, 우주관을 펼쳤으며, 경험을 토대로 합리적이고 실용적으로 판단하는 진리 추구 방식을 택했다. 따라서 진리는 자기반성을 통해 얻어진다. '나는 나를 알았다'라는 확신이 가능할 때까지 자기를 탐구하지 않으면 안 된다. 이는 로마 교황이 말한바, 마땅히 인류가 연구해야 할 대상은 인간 자신The proper study of mankind is man이라고 하는 시대의 진리를 말해주는 것이라 하겠다. 특히 로크가 주창한 인간지성론과 정치론은 영국의 1688년 무혈 명예혁명을 통해 실현된다. 군주의 행동을 제한하는 규정을 권리장전Bill of Rights이 발표되고 입헌군주 정치가 수립됐다.

이러한 유럽의 사상적 흐름은 볼테르Voltaire의 지적 혁명론을 통해 프랑스 혁명의 발원이 되었다. 볼테르는 『철학서한(영국서한)』을 집필해 프랑스 정부의 압정壓政을 비난하고 영국의 자유정치와 교회의 자유 전통을 예찬했는데, 영국인은 자유민自由民으로 천국의 길을 자기네가 닦고 혼돈 없이 정치에 참여하고 있다고 말한다. 이러한 볼테르의 저작 속에는 로크의 자연사상과 영국의 민권사상이 녹아들어 있다. 볼테르로 대표되는 이 시대의 사상은 결국 프랑스 혁명을 통해 표출됐다.

구체적으로 이 시기 프랑스의 상황은 어떠했는가. 1786년 재정 파탄에 도달한 프랑스는 명사회名士會를 소집하고, 특권 신분에게도 세금을 부과하는 법을 제안했는데, 이는 그 자체로 매우 혁명적인 일이었다. 특히 당시 소집된 삼부회三部會는 각 사회의 국민대표로 이루어진 집단으로서 현대 국민의회National Assembly의 전신前身이라고 할 수 있었다. 그 뒤 국민의회는 인권선언을 통해 인권에 관한 무지가 공공의 불행과 정부 부패의 원인이라고 규정하고, 시민의 권리를 보장하고 그 권리를 수호할 수 있는 헌법을 제정한다는 내용으로 국민주권의 원리를 채택했다.

분명한 것은 프랑스 혁명이 민권 옹호를 기반으로 한 혁명이었다는 사실일 것이다. 프랑스 혁명이 내세운 자유의 이념은 우선 개인의 권리를 옹호하는 개인주의로 발달해갔다. 이 당시 개인주의의 사상은 근본적으로 자유방임에 가까운 절대자유주의 성격을 지니고 있었다. 이러한 생각을 대표하는 이로는 벤담과 애덤 스미스Adam Smith가 있다. 벤담은 모든 사람은 자신의 이익을 가장 잘 알고 있으므로 각 개인의 행복을 위해서는 개인의 이기심에 방임하는 것이 최대 행복을 이끌어내는 첩경이라고 말한 바 있다. 또 애덤 스미스는 '하나님은 인간의 행복을 위해 이 세계를 창조하였으므로 인간이 갈망하는 행복을 달성하는 수단으로는 이기심을 방임하여 마음대로 사용하게 하는 것이 필요하다'고 주장한다. 『국부론』에서 스미스는 각 개인은 '자기 이익self interest'과 관계된 일이 아니면 이해하지 못한다고 말한다. 그러므로 역설적으로 경제생활을 할 때 개인이 자기 이해에 따라 자유롭게 행동하면 결과적으로 사회 전체의 이익을 가져온다는 것이 그의 주장이다. 또한 그는 자기애에서 시작된 이러한 이익 추구가 공익으로 변환되기 위해서는 사회의 여러 가지 제도가 분권적이고 경쟁적이며 공정해야 한다고도 주장한다. 물론 가장 중요한 것은 개인의 자유를 최대한 보장하는 데 있다.

이와 유사하게 개인의 자유를 주장한 사상가는 그린이다. 그는 『정치적 의무의 원리Principle of Political Obligation』에서 모든 사람들은 각자 자신의 생존을 목적으로 자유의 능력을 실현하며, 그럴 때 모든 인간은 도덕적으로 자유라고 말한다. 국가는 구성원인 개인들의 도덕적 자유의 실현을 위해 존재하며, 그 임무는 오로지 구성원이 도덕적 자유를 발휘하도록 돕는 데 있다. 그러므로 국가는 어떤 경우에도 구성원의 자유를 제한할 수 없다. 개인의 자유를 간섭하는 것은 도덕적 침해라고 할 수 있다. 나아가 국가는 국민에게 자유를 부여하는 데 그쳐서는 안 되며, 자유의 권리를 유익하게 쓰도록 보장해야 한다. 자유를 실현하기 위해 필요한 모든 장애를 제거하지 않으면 안 되는 것이다. 가령 B. 맨더빌Mandeville 같은 이들의 말을 빌려 이야기하자면, 개인의 악덕도 잘 다룬다면 사회의 이익이 될 수 있다. 이러한 자유방임주의는 시장경제에서 자유 경쟁의 원칙을 생존 경쟁의 핵심으로 인식하는 데까지 이어진다. 이러한 생각들은 빈곤이 없다면 부자도 없고 빈곤이 노동의 원인이라고 말할 수 있다는 극단적인 생각으로 이어진다. 하층계급을 가난한 상태로 방임하는 것은 부의 축적을 위해 부지런하게 노동하도록 만드는 궁극적인 계기라고도 생각하는 이도 생겨난다.

그러나 문제는 단순하지 않다. 자유방임적인 개인주의는 중앙집권제의 국가적 자본주의로 화한다. 그런데 이러한 자유방임적 자본주의에서는, 에드먼드 버크Edmund Burke가 지적했듯이, 노력하는 사람은 최소의 보수를 받고, 노력하지 않는 사람이 반대로 복을 받게 되는 기이한 현상이 고착된다. 기형적 모순 상태를 낳게 되는 것이다. 이에 그린은 로크가 '인간은 태어날 때부터 평등하고 자유롭다'고 말한 것은 비현실적이라고 비판한다. 본디 모든 인간은 평등하고 자유로워야 하는 것이 정상이겠으나 현실은 그렇지 않다. 자유에는 현실적 조건이 요구되며, 이 조건을 구비하지 못한 이에게는 자유가 부여되지 않는다고 비판한다. 민주주의는 바로 이러한 자유방임적 자본주의의 문제점을 개선하고자 제안된 정치 형태이다. 무한한 자유방임이 만들어낸 부자유하고 불평등한 계급 독재를 막고자 하는 데 민주주의의 목적이 있다. 이러한 착취와 구속이 없는 사회를 지향하는 민주주의가 오늘날은 물론 미래의 기본적인 정치체제임은 말할 것도 없다. 민주주의는 A. 링컨Lincoln이 말한 것과 같이 '국민의, 국민에 의한, 국민을 위한 정치'를 실현하고자 한다.

그러나 민주주의에 대한 해석은 왜 그토록 다르게 사용되는가. 가령 논자에 따라서는 민주주의를 무산자가 유산자의 정권을 탈취하는 것으로 오인하기도 한다. 그러나 그것은 진정한 민주주의의 대의를 이해하지 못한 소치일 뿐이다. 민주주의란 결코 한 계급의 정권을 이양하거나 탈취하는 데 목적을 두지 않는다. 또 어떤 사람들은 민주주의라는 미명 하에 독재 전제를 꾀하려 한다. 그러나 민주주의란 시각에 따라 그 뜻을 달리하는 정치가 아니다. 오로지 하나의 뜻만을 지닌다. 어떤 때는 개인주의로, 어떤 때에는 국가주의로, 또 어떤 때는 사회주의나 독재주의로 변전變轉될 수 없다. 토머스 제퍼슨Thomas Jefferson은 민주주의를 정의하여 말하기를 '사회의 근본 노력을 안전히 장치할 장소는 오직 국민밖에는 없을 줄로 안다. 만일 국민이 그 통제력을 진중히 행사할 아량이 없다면, 그 통치력을 그들에게서 빼앗을 것이 아니라 교육으로서 그들을 계몽시키는 데 교정책이 있다'고 말한 바 있다. 또 존 듀이John Dewey는 민주주의를 정의하여 말하기를 '민주주의는 특수한 정치제도보다 크다. 이는 국민 참정과 대표자들을 통하여 정치 행정을 운영하며 삶을 만드는 방법이다. 민주주의의 이러한 국면은 인간의 가치를 구현할 수 있는 다양한 목적을 실현시키는 방법이다. 최선의 방법은 사회적·개인적 수단이다. 민주주의란 국민의 주권임은 말할 것도 없고 국가의 큰 뜻도 국민을 위한 정치에 있어야 한다는 것이다. 모든 정치의 총결總結은 국민의 경제적 안정과 민생을 발전시키고 유지시켜 주는 데 있다 하겠다.

G. W. F. 헤겔Hegel은 다음과 같이 생각했다. 동양 사람은 한 사람(전제군주)만이 자유이고, 그리스인과 로마인들은 몇몇 사람만이 자유이다. 반면 기독교적 게르만 세계(근대사회)에서는 인간 모두가 자유롭다. 그러나 헤겔이 말한 자유란 정신적인 자유를 의미할 뿐이다. 현실적인 설득력이 없다. 인간의 자유란 관념적이고 정신적인 자유만을 의미할 수 없다. 현실적 삶이 뒷받침되지 않으면 자유란 실현될 수 없기 때문이다. 민주 헌법을 통해 독재자나 전제군주의 폭정을 방지하고 그들로부터 오는 압제를 어느 정도 벗어났다고 해서 자유가 실현된 것은 아니다. 경제 문제가 해결되고 생활이 안정됨으로써 발생하는 물질적 평등이 바탕이 되어야 비로소 진정한 자유의 의미가 실현되는 것이다.

괴테는 자유와 평등을 동시에 주려고 하는 자는 몽상가가 아니면 사기꾼이라고 말하기도 했지만, 진정한 자유, 합리적이고 타당한 자유란 평등한 삶의 지반地盤에서만 가능하다는 것은 변함없이 옳다. 우리가 민주주의를 자유 실현의 정치라고 생각하는 것은 그 때문이다. 민주주의 사회에서만 현실적인 자유의 실현이 가능하다. 불평등한 귀족사회나 특권사회 혹은 전제사회나 계급사회에서는 진정한 국민 자유는 기대할 수 없다.

자유가 있는 곳에는 평화와 복리가 있고 억압이 있는 곳에는 오직 파괴와 멸망만 존재한다. 개인의 이상을 실현하기 위해 첫 번째로 요구되는 것은 인격의 자유를 구현하는 것이다. 사회 이상을 실현하는 데는 권리의 평등이 첫 번째 요구조건이다.

제2절

의지의 자유론과 필연론

인간의 의지가 어떻게 구성되는가에 대한 논의는 대체로 자유론과 필연론으로 나누어 살펴볼 수 있다. 즉, 우리의 행동을 조율하는 것은 크게 자유와 필연 두 가지이다. 사유와 행동을 자신의 정신 작용과 생각에 따르는 것은 의지자유론이다. 반면 절대적인 존재의 명령이나 세계 계획과 같은 필연적이고 숙명적 인과관계를 추종하는 것은 의지필연론이라고 부를 수 있다.

의지자유론은 인간의 의지와 활동을 근거나 법칙에 의거한 것으로 판단하지 않는다. 의지는 감정과 충동에 따라 결정된다. 생리적인 욕구에 따라 먹고 싶은 때에 먹고, 자고 싶은 때에 자고, 뛰어놀고 싶을 때에 마음대로 뛰어노는 것이 곧 의지이다. 따라서 의지자유론 입장에서 본다면 인간의 목적 혹은 사명은 오로지 인간의 생물학적인 욕구를 충족시키는 데 있을 뿐 당위적인 목적이나 삶은 의미가 없다. 인간의 가치를 구현한다는 것은 인간의 본능을 충족시키는 데 있으며, 이성과 도덕은 이러한 본능 활동에 장애가 되는 것을 제지하고 합리적으로 향유하도록 돕는 데 그 목적이 있다.

이러한 의지자유론의 대표적인 이론으로는 벤담의 공리론이 있다. 공리론은 '최대 다수의 최대 행복'이라는 논리를 실현하기 위해 '모든 사람을 한 사람 이상으로 계산하여서는 안 된다'고 주장한다. 그러나 이러한 시각을 극단적으로 몰아가면 결국 현세 향락주의에 빠지고 만다. 즉, 현재만이 중요하고 미래에 대한 전망과 실천은 무의미하게 되는 것이다.

한편 H. 스펜서Spencer, 존 스튜어트 밀John Stuart Mill 등이 내세운 쾌락설도 의지자유론에 속한다. 쾌락설에서는 개인의 행복이 곧 선이며, 이것이 곧 공동의 행복이자 선이다. 이러한 이기적 쾌락설은 점차 이타적 쾌락설, 진화적 공리론 등으로 발전해갔다.

하지만 의지자유론은 일정한 한계를 가지고 있다. 의지자유론의 저변에 놓인 개인적인 쾌락 충족의 목적이 사라진 것이 아니기 때문이다. 합리화되고 있기는 하지만, 개인의 쾌락은 그 어떤 것보다 우선적인 요소이다. 이는 H. 시지윅Sidgwick이 강조한 '이성적 자애自愛'와 비교될 수 있다. 그는 현재 내 자신의 쾌락을 넘어 공동의 '미래'를 지향하는 지혜를 인간의 본질적 가치라고 본다. 나의 선을 전체의 선이라는 시각에서 볼 수 있어야 한다. 물론 이를 위해서는 현재와 미래를 동등하게 사유할 수 있어야 한다는 것이 그의 시각이다. 같은 맥락에서 B. 파스칼Pascal의 말을 되새겨볼 필요가 있겠다. "신이 나에게 진리와 진리의 추구 이 둘 중 어느 것을 원하는가 할 때에는 나는 진리를 사퇴하고 진리의 추구를 원하겠노라. 또 이 진리를 얻게 된 때에는 나는 다시 쫓기 위해 놓아줄 것이다."

의지자유론과 반대로 의지가 필연적인 인과관계 속에 존재한다고 생각하는 의지필연론이 있다. 의지필연론은 절대적인 존재가 주재하는 세계 계획이 선재先在하고, 인간은 이 계획에 따라 의지를 갖는다는 시각이다. 인간의 의지는 절대자로부터 비롯된

인과적 필연성을 운명론적 시각 속에서 받아들이는 것이라고 말할 수 있겠다.

그러므로 인간에게는 의지의 자유란 없다. 모든 것이 엄연하게 이미 정해진 법칙에 의해 운행되기 때문이다. 이 세계의 모든 것이 자연법칙에 거스름 없이 인과율을 따라 존재하듯 인간도 이러한 자연의 법칙을 거스를 수 없다. 칸트는 『실천이성비판』에서 인간은 존경하고 외경심을 가지고 바라보지 않을 수 없는 두 가지가 있다고 말했다. 그 중 하나가 광대무변한 우주에 찬란하게 빛나는 별들에 대한 자연법칙이고, 다른 하나는 내 마음속 깊이 엄연하게 빛나고 있는 도덕 법칙이다. 그것은 인간이 도덕 법칙에 따라 의지를 품는다는 것을 의미할 것이다.

그러나 의지필연론 역시 일정한 한계가 있다. 자연법칙이나 도덕 법칙에서 말하는 진리는 그 어떤 존재들의 가치보다 절대적으로 우월하다. 인간의 자유로운 결정과 행동이 자리할 수 있는 여지가 없다. 물론 의지필연론은 앞서 설명한 의지자유론에 비해 인간의 의지를 설명할 수 있는 근거가 마련되어 있는 것이 사실이다. 인간의 의지에는 동물적인 충동에서 비롯되는 것이 아니라 더욱 높은 진리라고 하는 고차원적인 원인과 근거가 자리하고 있다.

그러나 과연 인간의 모든 행동이 필연적인 인과율로만 해석될 수 있을까. 모든 인간의 행동이 자연의 사물과 동일하게 이미 정해진 자연법칙에 의거해 존재한다면 이러한 필연성을 벗어나는 인간의 진정한 자유의지에 대해서는 설명할 수 없다. 예를 들어 내가 책을 보고자 하는 것이, 마치 비바람이 기압의 변동에 의하여 일어나는 것과 같이 어떤 자연법칙에 의거한 필연적 결과인가. 음식을 먹는 행위도 과연 자연법칙에 의한 결과이기만 한 것일까. 이는 극단적인 모순이 아닌가. 인간의 자유의지를 절대적인 법칙에 의거해서 단순하게 이해하는 것 역시 오류가 아닐 수 없다. 우리가 책을 읽는 것은 지적 호기심이나 흥미 등을 충족시키기 위한 자유의지의 발로이다. 배가 고파서 밥을 먹는 것이지 밥을 먹어야 하기 때문에 밥을 먹는 것이 아니다. 이미 모든 것이 이미 계획된 기계처럼 저절로 책을 읽거나 음식을 먹는다는 것은 있을 수 없다.

따라서 의지자유론과 필연론 중 어느 시각도 인간의 자유의지를 명확하게 설명해주지는 못한다. 이에 우리는 어느 한쪽에 치우쳐 인간의 의지를 규정하지 않으려 한다. 인간의 의지 활동은 이 이 두 활동의 긴장이다. 인간의 의지란 어떤 차원에서는 인간 스스로의 의식에 의해 유발되고 또 어떤 차원에서는 원인과 결과라는 필연적 구도에 의해 활동한다. 의지란 인간의 인격적 소행이자 절대자의 법칙에 의거한 행위를 의미한다. 인간의 의지 활동은 필연적이고 무한한 진리와 유한한 경험 사이에 존재하는 긴장의 체현이다. 주어진 자연법칙에 따라 살아감과 동시에 자신의 의지를 바탕으로 자유롭게 살아갈 수 있다.

그렇다면 인간이 자유의지를 갖는다는 것은 무엇을 의미하는가. 그것은 인간이 절대자의 부속물이 아닌 하나의 주체로 '정립'된다는 것을 의미한다. 이 점에서 J. G. 피히테Fichte는 인간의 본질을 경험적 자아와 구분하여 '절대적 주체'의 정립이라는 시각에서 이해한다. 인간은 자기 자신의 활동에 대한 지각을 통해 단적으로 존재한다. 자기 스스로를 정립함으로써 주체와 객체를 하나로 통일하는 자아를 정립한다는 것이다. 이는 절대적 자기 활동이라고 부를 수 있는 것으로, 우리들은 이를 자유라고 부른다. 이 절대적 자기 활동이라는 것은 자기에서 나와 자기에게로 돌아가는 활동이므로 근원적 활동이다. 이 근원적 활동은 동시에 자기에게 대하여 직접 자기의 대상으로 삼고 있는 까닭으로 나 자신을 거기서 알게 되며, 또 나를 깨닫게 된다. 피히테는 이러한 자기의식을 지적知的 직관이라고 명명한다.

이처럼 피히테에게 자아란 자기 자신에 의하여 정립되므로 다른 어떤 것에 의해서도 정립되지 않는다. 이를테면 자아는 자기 자신에 의하여 필연적으로 정립된다. 따라서 인간은 운명적으로 자유롭기 때문에 자유로운 존재가 아니고 자기 자신에 대한 정립을 통해 비로소 자유로워진다고 말할 수 있다. 피히테의 자아 정립은 세 가지 근본 원칙에 의해 설명된다. 제1원칙, '나는 근원적으로 우선 나 자신의 존재를 정립한다.' 제2원칙, '나는 비아非我를 정립한다.' 이를 통해 자아와 비아가 구분된다. 제3원칙, '나는 나 자신 가운데 있어서 가분적인 나와 불가분적인 나를 대립적으로 정립한다.' 이를 통해 자아에 대한 이론적 원칙과 실천적 원칙이 구분된다. 젠틸레Gentile는 이러한 생각을 '사고하는 나'라는 개념으로 발전시켰다. '사고된 나'에 대립되는 개념으로, 사고는 인간의 의지이자 자유 그 자체라고 말할 수 있다. 진정한 자아를 갖기 위해서는 다양한 무한의 통일체로서의 자아와 사람(사물)의 무한한 다양화 사이의 관계를 정확하게 규명해야 한다.

그러므로 우리는 의지자유론이나 의지필연론 어느 한쪽에 치우쳐 사유해서는 안 된다. 이 모든 것은 우리 안에 있다. 따라서 의지의 차원에서 주관적 영역과 객관적 영역을 모두 긍정하지 않으면 안 된다. 의지의 본질은 마음의 통일성과 사물의 다양성을 완전히 이해해가는 가운데 밝혀질 수 있다.

그러나 인간의 모든 의지가 동일하게 취급될 수는 없다. 의지의 성격은 그 원인과 목적에 비춰 다르게 이해될 수 있다. 따라서 의지를 판단하기 위해서는 그 원인을 명료하게 인식할 필요가 있다. 이에 대해 요시다 세이치吉田靜致는 아리스토텔레스가 말한 원인설을 기반으로 기동 원인과 목적 원인으로 구분한다.

기동 원인이란 아리스토텔레스가 말한 세 번째 원인, 즉 결과를 만드는 힘으로서 효율적인 원인Efficient Cause을 의미한다. 말하자면 스스로 자기 가운데 원인이 있는 것이 아니라 자기 이외의 어떠한 것에 의하여서 활동하도록 원인이 주어지는 것이다. 예를 들어 과거의 다른 활동의 연속적 흐름으로 그 다음 활동이 발생한다. 여기서 과거는 기동 원인이다. 이에 따르면 모든 원인에는 반드시 결과가 있고, 모든 결과에는 원인이 존재한다. 반면 목적 원인Final Cause이란 과거 다른 활동의 연속에 의해 원인이 존재하는 것이 아니라 활동하는 사람 자신이 장래에 실현하고자 하는 목적에 의하여 원인이 생긴다는 것이다. 우리가 고찰하고 있는 의지 활동이 바로 이 목적 원인에 해당된다고 말할 수 있겠다. 의지 활동이란 자신의 목적을 달성하기 위해 방법을 선택한다. 자연계의 필연적 현상과 달리 '자유'에 의해 결정된다. 따라서 자유에 대해 피상적으로 이해함으로써 자의 원인과 법칙, 근거가 없다고 생각해서는 안 된다. 자유 속에는 확연한 법칙과 근거가 있다. 다만 자연계의 필연적 현상처럼 타율적인 것이 아니라 자율적이라는 점이 다를 뿐이다.

또 다른 원인설에는 V. 솔로비예프Soloviev의 원인설이 있다. 그는 원인과 결과에 관하여 다음의 세 가지로 설명했다. 첫째, 기계적 결정론이 있다. 모든 것이 인과관계를 가지며 이에 따라 기계적으로 결정된다. 둘째, 심리적 결정론이 있다. 다른 동물과 마찬가지로 인간도 쾌락과 고통이라는 심리적 현상이 원인이 되어 행동을 유발하고 결과를 낳는다. 마지막으로 이성적 결정론이 있다. 자각적으로 나의 이상과 목적을 고려하여 이를 실현하기 위해 활동이 일어난다는 것을 뜻한다. 이러한 결정론은 궁극적으로는 활동 원인과 목적의 필연성에 입각하고 있다. 이러한 시각에서 보면, 의지는 동기 없는 활동이라고 말할 수 있다. 어떤 원인에 의해 필연적으로 결정되는 것이다.

그러나 이러한 원인설은 인간의 삶을 맹목적 인과관계에서 본다는 점에서 일정한 한계를 지닐 수밖에 없다. 인간은 동물과 달리 자유의지를 가지고 있기 때문이다. 예를 들어 현실은 필연적인 소산일 뿐인가. 단순히 과거에 의해 미래가 결정되는 것이라고 생각해야 하는가. 우리는 단순히 인간을 필연성에 의해 움직이는 기계적 존재라고 이해할 수 없다. 그렇다면 어떻게 해야 하는가. 가장 좋은 방법은 인간의 삶을 역사적 현실로 파악하는 것이다. 역사는 인간이 필연의 법칙에서 벗어나 자신의 의지에 의해 활동한 결과이기 때문이다. 따라서 역사란 시간이 퇴적된 것도 필연적 인과율에 의해 결정된 것도 아니다. 역사적 현실은 과거의 필연과 미래의 가능성이 결합하는 영원한 현재를 의미한다. 역사는 인간의 자유 활동의 기록이자 그 총체라고 말할 수 있다. 그러나 역사적 현재란 과거에 의해 결정된 필연적 현재가 아닌 것과 마찬가지로 단순히 자유 활동만으로 이루어진 결과도 아니다. 인간의 의지 활동이 단순히 필연적 결과가 아닌 것처럼 자유계自由界만의 소행도 아닌 것이다. 역사적 현실은 과거의 필연적 힘 위에 미래의 자유성이 새겨진 장소 혹은 순간이라고 말할 수 있다. 필연과 자유, 과거와 미래가 결합하여 역사를 쓰고 또 창출한다. 우리가 살고 있는 현재는 과거와 미래가 결합한 순간이다.

따라서 우리는 우리의 삶이 필연성에 국한되어 있는 것도, 자유에 의해서만 구성되는 것도 아님을 알아야 할 것이다. 과거라는 필연 위에 자유로운 미래 의지가 결합된 것으로 보아야 한다. 칸트는 『도덕철학원론』에서 다음과 같이 말한다. 의지란 이성적인 생물이 가진 원인성의 일종이며, 자유란 바로 이러한 원인성의 특질이다. 이 원인성은 자기를 규정하는 자기 이외의 원인과 독립하여 작용할 수 있다. 반면 자연적 필연성이란 모든 이성 없는 것들이 가진 원인성의 특성이며, 자기 이외의 원인에 의하여 규정되는 활동이다. 그러므로 자유는 자연법칙은 아니지만 행동의 결과가 정립되어야 한다는 법칙이 포함되어 있다. 자유는 무법칙이 아닌 일정불변一定不變하는 하나의 원인을 가지고 있다. 만일 원인이 없다고 한다면, 자유의지란 불가지不可知의 것이 되고 말 것이다. 그러나 그렇다 해도 그것은 매우 특수한 원인성이다. 칸트의 이러한 생각은 우리가 고찰하고 있는 자유의 정체를 밝히는 데 중요한 실마리를 제공한다.

제3절

개인선행설과 국가선행설

개인과 국가와의 관계는 개인선행설個人先行說과 국가선행설國家先行說로 설명할 수 있다. 개인선행설은 부분에서 출발해 전체에 도달하는 것이요 국가선행설은 전체에서 출발해 부분에 도달하는 것이다.

개인선행설을 주장하는 에피쿠로스Epicurus 학파에서는 모든 사회생활은 각 개인의 이익에 근거해야 한다고 주장한다. 개인은 혼자 사는 것보다 단체에 속해 사는 것이 더욱 안전하고 유익하기 때문에 사회생활을 하는 것이다. 따라서 자연법이나 자연권은 절대적인 것이 아니다. 사람들이 좋다고 하는 것이 좋은 것이요, 악하다고 하는 것이 곧 악한 것이다. 법 또한 사람들이 집단생활에 필요하므로 이를 제정하고 준수하는 것이지 법 자체가 사람의 행동을 강제할 수 있는 근거는 없다. 그러므로 법이 불필요하게 되면 이를 폐지하고 새 법을 제정할 수도 있다. 불의와 죄악이란 사람들이 자기에게 불리한 것을 지칭하는 것일 뿐 본래부터 불법 또는 불의가 존재하는 것은 아니다. 이와 비슷한 주장을 소피스트Sophist 학자들에게서도 찾아볼 수 있다. 그리스의 철학자 플라톤도 국가는 개인의 최고 발달을 위한 최고선最高善의 길이라고 말했다. 선善이란 고립된 삶에서는 발생하지 않는다. 단체생활 속에서 선이 만들어진다. 따라서 선인善人이란 선민善民이라고도 말할 수 있다. 따라서 국가는 모든 사람으로 하여금 선한 시민이 되어 잘살게 하도록 조직된 것이며, 개인이 국가를 따르는 것은 국가가 완전한 개인의 발달을 위한 조직이기 때문이다. 이러한 주장들을 종합하면, 결국 부분인 개인이 전체인 국가보다 논리적으로 역사적으로 선행先行한다는 결론에 도달한다.

이와 반대로 스토아Stoic 학파나 피타고라스Pythagoras 학파에서는 국가선행설을 주장하였다. 즉 우주에는 엄연한 법칙이 있으며 그 누구든지 개인적 호불호를 극복하여 자연의 엄격한 법칙을 따라 살아야 한다. 국가란 바로 이러한 우주 법칙에 의거한 것으로 개인은 국가로 귀의해 따라야 한다. 개인에게는 국가를 위해 희생하는 것이 최고의 선善이다. 이와 비슷한 맥락에서 데모크리토스Democritos는 국가의 흥망에 따라 개인의 고락苦樂이 결정되며, 국가를 위하는 것이야말로 모든 개인에게 부여된 첫 번째 임무라고 말한다. 이처럼 국가선행설은 한 마디로 전체인 국가가 부분인 개인보다 논리적으로 역사적으로 선행한다는 생각이다. 부분이란 전체의 유기적 세포이며, 전체에 귀속될 때 부분은 비로소 그 존재 의미를 갖는다.

이러한 시각 차이로 인해 개인선행설과 국가선행설은 국가와 개인의 관계를 각기 다르게 설정한다. 개인선행설에서는 국가는 개인 다음에 존재한다. 가령 존 스튜어트 밀은 국가의 최종적 가치가 개인에게 있다고 주장한다. 존 로크도 인간은 태어날 때부터 자유롭고 평등하며 독립적일 뿐만 아니라 국가의 주권이 국민에게 있다고 말한다. 국가가 국민 계약에 의한 표현이라는 것이다. 하지만 국가선행설의 입장에서는 이러한 개인선행설의 입장과 대립한다. 예를 들면 헤겔Hegel과 같은 학자는 국가가 절대 이성의 표현이며 불가침적 신성神聖의 존재라고 생각했다. 개인의 자유보다 국가의 보편적 우주 이성에서 최고 가치가 표현된다. 따라서 개인은 혼자서 마음대로 사는 것이 자유로운 것이 아니라 사회에 속함으로써만 진정한 자유를 향유하고 최고의 가치를 발현할 수 있다. 실재론자 스코터스Scotus도 헤겔과 비슷한 입장에서 국가선행설을 주장한다. 그는 전체란 개체가 있기 전에 있다고 주장함으로써 국가에 최고의 가치를 부여한다.

이러한 국가에 대한 다양한 시각은 그 발전 과정 역시 상이하다. 개인선행설은 개인주의, 자유주의, 민주주의로 발전해갔다. 국가선행설은 국가주의, 군국주의, 독재주의 등으로 그 형태를 바꾸어 발전해가는데, 막연한 지방주의를 중앙집권제로 개혁해 강력한 국민국가를 창출하게 된다. 그 결과 개인선행설은 자유주의에 입각해 개인주의, 민주주의, 사회주의를 창안하고, 민본사상과 민권평등 사상을 배태胚胎하게 된다. 또 정치적 평등과 경제적 평등을 실현하고자 사회·생산·기구를 공유하고 확장할 뿐만 아니라 생산·소비·분배의 평등성을 주장한다.

한편 국가선행설은 국가주의를 바탕으로 자본주의를 극대화하고 부의 불평등한 분배를 가져오게 되는 상황을 초래함으로써 빈부 차를 심화시키고 자본과 결탁한 정치권력을 낳았다. 개인은 자본-권력에 복종하고 자본가는 개인의 희생을 당연시함으로써 국민의 기본권 자체가 위협받게 되는 사태가 발생한다. 군주론을 쓴 대표적 군국주의자 마키아벨리는 국가의 이익을 도모하기 위해서는 도덕까지도 포함한 모든 것의 희생을 감수해야 한다고 주장한다. 토머스 아퀴나스Thomas Aquinas도 인간은 본래 정치적 동물이며, 사회생활을 영위한다고 말한다. 국가는 이러한 사회생활의 복지를 위해 존재하며 군주정치를 통해 이러한 목적을 실현할 수 있다고 주장한다.

그러나 이처럼 상이한 성격에도 불구하고 인간의 자유권에 대한 정당한 인식은 계속해서 발전해왔다. 인간의 자유야말로 진정한 가치이며, 이를 구현하기 위해서는 개인의 자유를 최대한 발양해야 한다는 논리가 역사적으로 자리 잡게 된 것이다. 따라서 국가를 위해 개인이 희생해야 한다는 논리는 부정된다. 이러한 맥락에서 존 로크는 사회 질서를 유지하고 최소한도로 권리를 행사하여 국민의 자유 행동에 대하여 간섭하지 말고 최대한 방임하는 것이 진정한 국가의 임무이자 정당한 길이라고 말한다. 유명론자唯名論者 로스켈리누스Roscelinus도 개체 없는 전체는 무의미하다고 말했다. 그뿐인가. 장 보댕은 국가란 통치자가 국민의 보호를 약속하는 데서 발생한다고 말했다. 루소도 『사회계약설』에서 국가가 국민과 통치자의 약속에 의해 성립된 만큼 통치자가 국민의 뜻에 반하면 통치권을 취소할 수 있다고 역설한다. T. 홉스Hobbes는 국가통치권이 국민으로부터 위임받은 것이라는 점에서 절대적이며, 국민은 국가통치권에 무조건적으로 복종해야 한다고 주장한다. 나아가 로크는 이러한 위임권이 민의民意에 배치될 때에는 언제나 이를 부인할 수 있다고 주장한다.

이렇게 볼 때 국가통치권의 본질은 초인간적이거나 절대적인 것이 아니다. 군주신권설과 같이 불가침적인 것이 될 수 없다. 통치권이란 지극히 세속적, 인간적, 상대적인 권리를 의미하며 이 모든 권리 역시 국민에게 있어야 한다는 것은 말할 것도 없다. 즉, 국가의 통치권은 국민을 위해 존재하며 모든 권리와 의무가 국민에게 귀속된다. 이와 비슷한 맥락에서 칸트도 각기 다른 이성적 존재자들이 정언명법에 의해 체계적으로 결합하는 예지계로서의 목적의 왕국Das Reich der Zwecke에서 사회제도의 본질은 공동 의지를 표현하는 것이라고 말했다. 사회제도는 절대적 선善이며 영원한 가치를 표현하는 것이 아니라 한 시대 한 지역의 상대적 선善, 쌍방적 가치를 의미한다. 절대적 선善이란 인간생활의 영원한 목표일 수는 있지만 현실 속에서 실현될 수 없다.

그러나 국가를 절대적 가치로 삼는 국가주의가 날이 갈수록 극대화되고 있다. 국민을 위한다는 미명하에 월권적 비행과 전제專制를 일삼는다. 이 때문에 패트릭 헨리의 외침은 이러한 시대의 부정에 항거한 것이라고 말할 수 있다. 그는 말했다. "생명이 그처럼 귀하고 평화가 그토록 달콤해도 쇠사슬에 얽혀 노예의 몸이 되면서까지 얻을 수 있는가. 그것은 나의 입장이 아니다. 나에게는 자유가 아니면 죽음을 달라!"

자본주의의 폐해 또한 심각하다. 프랑스 혁명 이후부터 20세기 초 사회 개량주의적 자유주의가 대두되는 과정에서 발전한 자본주의는 사유화와 자유 경쟁의 논리를 확대시켜나갔다. 그 결과는 참혹했는데, 국민의 이익을 보장한다는 미명하에 국민을 착취하는 특권계급을 만들어냈다. 국민의 삶은 점점 더 피폐해져갔다. 이에 사람들은 맹목적인 순응이 아닌 저항을 택함으로써 역사적 변화를 가져오려 노력하게 된다. 즉, 당대인들은 정부란 그 자체에 있어 해악이다, 정부는 자중하라는 목소리를 높였다. 루소가 만민이 평등하다고 말한 것은 바로 이러한 시대적 배경에서 비롯된 것이다. 로크가 '국가는 개인의 시민적 사회'라고 주장할 수 있었던 것도 바로 이러한 시대적 사상, 모든 주권이 국민에게 있다는 시대적 진리를 반영한 것이다.

이러한 저항의 움직임은 법적 저항으로 확대된다. 가령 마그나 카르타Magna Carta(1215), 권리청원Petition of Rights(1628), 인신보호법Hebeas Corpus Act(1679), 권리장전Bill of Rights(1689) 등 일련의 근대적 법률들은 군주 혹은 특권계급의 전횡을 막고 방지하기 위한 국민의 노력을 보여준다. 이 모든 선언들은 국민 스스로 자신의 자유를 유지하고 보장하기 위한 적극적인 노력의 결과이다. 미국의 독립선언문도 마찬가지이다. "사람은 누구나 평등하게 태어나며 권리를 갖는다. 정부는 이러한 권리를 보호하기 위해 성립되며 정권은 왕이나 독재자 또는 특권계급의 의사나 이해관계로부터 독립해 있을 뿐만 아니라 모든 권리가 국민의 동의에 의하지 않으면 안 된다. 국민은 전제자專制者나 폭군을 제거하고 최선의 자치 방법을 수립할 수 있는 권리를 가지고 있다"고 명시한 데서 잘 알 수 있다. 프랑스 혁명 선언문 제3조에도 이러한 내용이 담겨 있다. 주권은 국민에게서 비롯하며 어떤 개인 또는 단체일지라도 국민으로부터 나오지 않는 권력은 행사할 수 없다고 명시되어 있다.

이제 시대는 군주의 전제적 전횡을 용납하지 않으며, 이를 법제화하고 국민과 통치자의 상호 권리와 의무 또한 법적으로 규정하는 입헌주의가 정당화되는 사회로 나아간다. 또 애덤 스미스가 '국가는 완전한 자유와 완전한 정의正義의 엄정한 제도 하에서만 번영을 이룰 수 있다'고 한 것도 이러한 역사적 변화에 조응한 것이라고 말할 수 있다. P. H. D. 돌바흐d'Holbach는 이러한 시대적 목소리를 다음과 같이 표현한다. 그는 "정치제도는 완전히 악이요, 억제를 통해 죄를 만든다. 소수 특권자들이 누리는 사치는 제어해야 한다. 진정한 국부國富는 다수의 복리福利에서 오며 소수 특권자의 부유富裕에 오는 것이 아니다. 군주가 화려한 궁전을 가지는 것보다 국민이 먹을 것을 가지는 것이 더욱 중대하다. 부자들의 자선적 행위가 늘어가는 것보다 부지런한 빈민이 생계를 얻을 수 있는 공장이 많이 생기는 것이 더 기쁜 일이다"라고 말했다.

존 밀턴John Milton은 『아레오파지티카Areopagitica』에서 다음과 같은 견해를 피력했다. “국민의 통일은 중대하다. 그러나 위로부터 시작된 강제적인 통일은 좋지 않다. 그것은 죽은 통일이다. 아래로부터 자연스럽게 솟아오르는 통일만이 진정한 통일이요, 산 통일이다.” 이러한 그의 생각은 모든 조직과 방법이 자유사상에 근거하여야 한다는 것이다. 그는 또 이렇게 말했다. “어떤 자유보다도 먼저 양심에 따라 알고, 생각하고, 믿고, 자유롭게 발표할 수 있는 자유를 나에게 달라!” 그밖에 조셉 리Josep Lee가 한 말도 있다. “한 개인의 영달이 공공의 이익이다.” 이러한 말들은 모두 당시 사회에 팽배했던 인격적 자유주의의 진수眞髓를 보여주는 것이다.

중요한 것은 이러한 생각들을 단순하게 자유방임주의로 병치시켜서는 안 된다는 사실이다. 자유방임주의는 전체의 행복을 개인의 행복으로 치환함으로써 개인의 활동을 억제하는 것을 부정하기 때문이다. 그렇게 되면 비록 개인의 행동이 잘못된 것이라 해도 제지할 방법이 없게 될 것이다. 자유의 근거가 개인에서 시작되는가 혹은 국가로부터 시작되는가 하는 점을 사유할 때, 우리가 균형 잡힌 시각을 가져야 하는 이유이기도 하다.

제4절

자유의 성격

자유란 인간으로서 가치 있는 생활을 가능하게 할 뿐만 아니라 더 나은 삶을 영위하는 데 있어서 불가결한 요소이다. 인간 문화 발전의 핵심이며 인류사회 건설의 추축樞軸이다. 인간이 살아가는 데 있어서 생명과도 같다고 말할 수 있다.

그러나 진정한 자유란 과연 무엇인가? 이를 구명究明하려면 자유에 대한 올바른 이해가 반드시 필요하다.

칸트는 자유 의식을 도덕 법칙의 근거로 생각했다. 자유가 도덕 법칙의 실존 근거라는 것이다. 자유가 있음으로써 도덕생활이 가능해지며, 인간은 도덕생활을 통해 자신의 삶이 자유에 근거하고 있다는 것을 알게 된다. 자유는 칸트가 생각한 도덕 법칙의 '제1의 요청'이자, 인간 개성의 기본 요건이다. 그러나 자유가 도덕적 의의를 갖는 것은 주체의 의지적인 선택을 통해서이다. 칸트에 의하면 자연 활동이 의지적 행위로 변환되는 것은 그것이 법적 책임이 있을 때이다. 인간이라는 존재는 자신의 활동이 자율적 선택에 의한, 즉 의지의 자유에 근거할 때 '주체'가 된다. 따라서 주체로서의 인간은 자신이 행한 행동의 결과에 대해 책임을 진다. 주체는 자신의 행동 결과에 대한 책임을 물을 수 있는 인격을 받은 자라고 말할 수 있다. 만일 행동에 대해 어떠한 책임도 지울 수 없다면, 그것은 사물에 불과하다. 도덕적 책임을 진다는 것은 자신의 활동에 대한 책임을 떠안는다는 것을 의미한다. 칸트가 말한 도덕 법칙은 바로 이와 같이 자유의지를 가지고 있으며 자신의 의지에 따라 자율적으로 선택이 가능한 인격적 존재에 대해서만 그 책임을 물을 수 있다. 자유가 없다면 도덕 법칙 자체를 부과할 수 없는 것이다. 또 칸트는 『도덕형이상학원론』에서 자유는 의지의 자율을 설명하는 열쇠이며, 자유란 자율 그 자체라고 말한다.

그렇게 볼 때 도덕 법칙이 인간의 본질을 설명해주는 중요한 근거임을 부정할 수는 없다. 인간은 도덕적 존재이며 그 근거는 역설적이게도 인간이 자유로운 존재라는 것이다. 의지의 자유를 가진 존재만이 도덕적 존재가 될 수 있다. 이에 대해 칸트는 자유의지가 이성적 주체의 제일 근본이 되는 원인성이라고 말한다. 자유란 나 자신 이외의 원인에 의해 행하도록 결정될 수 없다. 자연적 필연에 얽매여 살아간다면 그는 비이성적 존재일 뿐이다. 이성적이라는 것은 하나의 행동이 이러한 자연적 필연성을 극복하고 자기 내부의 원인에 의해 행동한다는 것을 의미한다. 이것이 곧 자유이다. 따라서 자유는 이성적 주체의 근본이자 도덕 법칙의 제1원인이 될 수밖에 없다.

이처럼 자유는 인간의 본질을 밝히는 가장 중요한 근거임은 말할 것도 없다. W. 빈델반트Windelband가 말한 것처럼, 자유는 인간의 삶의 모든 부분과 그 근저에서 가장 중요한 인격이라고 말할 수 있다. 따라서 자유를 무법칙적인 것으로 보아서는 안 된다. 칸트가 말했듯이 자유는 자연법과 독립해 있으며, 자유의지 역시 불변적인 법칙과 일치되고 그 법은 오직 나 자신의 특유한

법에서 비롯된다. 그러므로 자유의지는 무법적일 수 없다. 그 점에서 자유란 나 자신 이외의 원인에 의하여 활동되도록 결정지어지지 않는, 다시 말해 강행되지 않는 자율이라고 말할 수 있다. 이유도, 원인도, 법칙도 없는 방종된 자유는 진정한 의미의 자유가 될 수 없다. 인간이 도덕적 동물인 한, 방종은 자유가 아니다. 해방된 조선의 민주 방향을 선도했던 한아진韓雅振 박사는 그의 저서 『민주주의 원론』에서 자유를 '여러 가지 개인적 및 사회적 제한 중에서 개인이 자기의 힘으로 자기의 일을 스스로 결정할 수 있는 것'이라고 정의했다. 그는 자유가 제한을 버리는 것이 아니라 제한을 취하는 것이라고 역설한다. 제한이 없는 자유는 자유가 아니라는 것이다. 지극히 타당한 정론定論이다.

그렇다면 '자유'와 '강제'는 어떻게 상위相違하는가? 강제란, 칸트가 말한 것처럼, '자기 이외의 원인', 즉 타율他律을 의미한다. 기실 강제란 내적인 것과 외적인 것으로 크게 구분하여 설명할 수 있다. 내적 강제란 자신에 의하여 제한을 받는 자율적 강제이다. 반면 외적 강제란 외부의 힘에 의한 타율적 강제를 의미한다. 자율적 강제가 자율적 구속을 의미한다면, 타율적 강제는 타율적 구속을 의미한다. 내적 강제와 외적 강제는 이처럼 같은 강제라 하여도 상반되는 성질을 갖는다.

이러한 구분법과 비슷한 맥락에서 존 스튜어트 밀은 자유를 이분화해 설명한다. 즉, 대내적 자유와 대외적 자유로 구분한다. 대내적 자유가 무한 자유를 의미한다면, 대외적 자유는 유한 자유를 의미한다.

그러나 이처럼 자유를 양분하는 것 역시 자가당착이라고 말할 수 있다. 가령 무한 자유라고 하는 대내적 자유를 절대적 자유라고 할 때, 그 속에는 자유가 지닌 역설적 측면, 곧 자율적 강제 또는 자율적 구속의 개념이 제거되어 있다. 인간의 규범이나 도덕 법칙으로는 상상할 수 없는 비도덕적인 행위나 생각에 대해도 절대적 자유라는 이름으로 용인해야 하는 것일까. 그것은 자유가 아니라 독단이자 망상에 불과할 것이다. 건실한 이론이라면 삶이라는 실제를 간과해서는 안 된다. 진정한 이론은 그것이 실제적 사실과 부합하여 실제를 설명하는 충분한 근거를 제시할 수 있어야 한다. 따라서 절대적인 자유 개념이 가능하다고는 해도 실제에 있어서는 불가능하다. 그것은 관념 속에서나 존재하는 자유라고 말할 수 있다. 다시 말해 실제가 없는 관념 속 자유에 불과하다.

따라서 강제가 없는 무한한 자유란 자유라고 말할 수 없다. 진정한 자유는 타자 관계적 행위는 물론 자기 관계적 제한이 존재하며, 자유와 제한은 상호 생성적 관계로 구성된다. 인간의 진정한 자유란 제한 속에서 자유를 추구하는 데 있다. 더 나은 자유, 더 큰 자유, 더 필요한 자유를 얻기 위해 제한을 취하는 것이다. 이것이 이 세상에 있는 자유의 정체이며 또 발전 형태임을 알아야 하겠다.

이제 자율적 구속과 타율적 구속이란 구체적으로 무엇을 의미하는지 살펴보자. 자율적 구속(자제自制)은 전제 조건이 자유에 근거하며, 타율적 구속(타제他制)은 전제 조건이 강제에 근거한다. 자율적 구속이란 그 전제가 올바르지 못할 경우 바로잡을 수 있다면, 타율적 구속은 그 시비是非 여하를 불문하고 이를 시정하거나 부정할 능력이 없다. 절대 굴종만이 가능하다. 따라서 자율적 구속은 가동적可動的이요, 융통적이요, 발전적 소인을 내포하고 있지만, 타율적 구속은 어떠한 경우에도 고정적이요, 비발전적이요, 또 비생명적인 것임을 알 수 있다.

이렇게 볼 때, 자유란 절대의 세계에서는 그 의미를 찾을 수 없다. 오직 상대적 세계에서만 그 의미가 성립될 수 있다. 그것은 자유 자체가 상대적 의미를 갖고 있는 것은 물론 인간 자신이 이성계理性界와 감성계感性界, 두 세계에 속하기 때문이기도 하다. 그렇기 때문에 이성계 혹은 감성계 어느 한 쪽만의 '자유'는 논리적으로 모순일 뿐만 아니라 성립 자체가 불가능하다. 이에 대해 벤담의 생각을 예로 들어 설명하면 유용할 것 같다. 벤담은 인간은 고통과 쾌락의 지배를 받으며, 고통과 쾌락이 무엇을 해야만 하는지와 실재로 할 수 있는 것을 지시한다고 말한다. 고통을 줄이고 쾌락을 느끼고자 하는 감정이 곧 옳고 그름, 원인과 결과라고 말할 수 있다. 물론 이러한 벤담의 생각은 W. R. 솔리Sorley가 지적한 바와 같이 심리적 쾌락과 윤리적 쾌락을 동일하게 논의하는 것이 가능한가라는 의문이 생기는 것이 사실이다. 하지만 인간의 양면성은 자유의 속성을 설명함에 있어 일정한 의미를 부여할 수 있다.

기실 인간은 이성계에만 속한 존재가 아니다. 인간은 이성뿐만 아니라 감정과 감각을 가진 양면적 존재이다. 이를 무시하고 자유의 의미를 살펴볼 수는 없다. 인간은 본질적으로 선악善惡, 진위眞僞, 정사正邪라는 두 가지 측면 모두를 가지고 있기 때문이다. 양면성을 지닌 상대적인 존재인 것이다. 그러나 이러한 양면성은 인간이 문화를 창조하고 향유할 수 있는 원인이기도 하다. 만일 비이성적이고 감성적인 행동만을 하거나 그와 반대로 이성적인 행동만 한다면 인간은 문화와 문명을 발전시킬 수 없었을 것이다.

'자유'가 중요한 것 역시 이처럼 인간이 두 개의 세계에 속한 존재이기 때문이다. 감정적 필연성을 극복하고 이성적 판단을 할 수 있는 존재가 되는 것은 인간의 자유의지에 의한 것이다. 인간은 자유를 통함으로써만 진리를 발견하고 이성을 실현할 수 있다. 자유는 이유도, 원인도, 법칙도 없이 행동해서는 안 되며,

질서 정연하고, 합목적적이고 합법칙적인 인간의 당위Sollen를 실천하도록 명한다. 자유가 없다면 인간은 막연하고 무제한적인 황무지에서 방황하게 될 것이다. 자유가 있음으로써 우리는 더 나은 삶을 위한 길을 걸어 갈 수 있는 것이다.

그러므로 자유는 암흑으로 가득 찬 세계의 빛이자 사막의 오아시스다. 자유가 아니면 죽음을 달라고 했던 존재의 외침이 왜 인류 자신의 외침일 수밖에 없는지 알 수 있는 대목이다. 자유를 잃어본 사람은 안다. 자유가 얼마나 가치 있는 것인가를. 자유는 가치를 계산할 수 없는 태양이나 물과 같이 존귀한 존재다.

그러나 자유의 의미는 절대적이지 않다. 자유의 의미는 소중하지만 모든 자유가 허용되는 것은 아니다. 자유 없는 강제는 노예에 불과하고 제한 없는 자유는 전횡일 뿐이다. 자유는 절대적인 것이 아니라 상대적인 것이며, 고정 불변하는 것이 아니라 변동 가능한 것이다. 그러므로 자유의 길은 하나일 수 없다. 자유는 가동적可動的이다. 단 하나의 자유만을 상상할 수 없는 까닭이다. '이것만이 자유'라고 말할 수 없다. 상황과 위치에 따라 자유는 그 실천이 달라진다. 시대와 사회에 조응하는 것, 그것이 자유다. 자유의 원칙은 그 처음과 끝이 같다. 그러나 형태와 방향은 시대에 따라, 세계관에 따라 변동한다. 그러므로 자유의 문제는 곧 합리성의 문제일 수밖에 없다.

2

본능적 자유

자연적인 의미에서 자유는 무엇인가. 그것은 본능적 자유를 의미할 것이다. 가령 충동적인 자유, 방종적인 자유, 자의적인 자유 등이 그것이다. 이는 원하는 것을 행하고 원하지 않는 것을 행하지 않을 자유를 말한다. 그런 의미에서 본능적 자유는 실정법(인위법)과 대립하는 자연법을 강조할 것이다. 어떤 의미에서 이러한 본능적 자유는 자연스러운 것이라고 말할 수 있을 것이다. 인간 역시 우주의 엄연한 자연율과 인과법칙에 의해 행동하기 때문이다. 그러므로 본능에 맡긴 자유란 인간에게도 극히 자연스러운 상태일 것이다.

이러한 본능적 자유는 중상주의 사상가들에 의해 크게 주목받는다. 국부론을 쓴 애덤 스미스는 '모든 강제와 구속은 그 자체에 있어서 악이며 자유방임은 그 사람 자신에 대하여 선善인 동시에 전 사회의 선'이라고 말했다. 조셉 리 역시 같은 맥락에서 '개인의 영달이 곧 공공의 이익'이라고 말한다. 존 로크도 마찬가지 생각을 가지고 있었다. '자유란 자발적이고 동의 없이 구속되지 않은 상태'라고 정의한다. 이처럼 중상주의가 부각되던 시대에는 자유방임이 무한한 선인 동시에 무제한적 자유가 절대적인 선으로 간주됐다. 이때 무제한적 자유란 개인의 의사가 중심이 되는 것을 말한다. 개인의 입장이 절대적으로 중요하다. 당시 사회는 이러한 생각이 절대적으로 타당한 것으로 받아들여졌다. 조셉 리가 주장한, 개인 번영이 곧 사회의 이익이라는 견해가 사회적으로 인정됐던 것이다.

래스키는 사람은 불평등한 능력을 가지고 태어나며 사회가 불평등한 상태인 것은 이러한 자연의 명령에 따르는 것이고, 이 자연에 순응하는 것이 곧 사회의 자유라고 말한다. 불평등한 자연 상태(방임 상태)가 평등이며 자유의 표현이라는 것이다. A. 모렐레Morellet도 비슷한 생각을 했다. 자유는 자연 상태요, 구속은 강제 상태이고, 자유란 자연 상태로 방치는 것이니 모든 것이 제자리를 얻어 안정되고 번영할 것이지만 자연 상태를 인위 상태(구속 상태)로 바꾸면 인간사회는 퇴폐한다고 말했다. 그의 이러한 생각 바탕에는 자연 상태에서는 각 개인이 자기의 노력의 결과를 공평하게 얻을 수 있다는 시각이 깔려 있다. A. 베인Bain은 사회는 우리들 덕의 소산이요, 정부는 우리들 악의 소산이라고까지 말했다.

자연 상태인 인간의 자유를 간섭하는 것은 악이라는 생각이 당시 자유방임주의의 중심 사상이었다. 대표적인 논자인 존 로크는 자연 상태는 악이 아니라 완전히 자유롭고 공평한 것이며, 사람은 누구든지 평등하게 나고 자유로운 것이니 소유의 권리가 있어서 다른 사람으로부터 침해를 받을 만한 이유는 없다고 말한다. 국가 뒤에 숨어 개인의 자유를 침해하는 전제정치, 그리고 국민을 강제시키는 것을 당연시하는 군권신수설 등을 강력하게 비판했다. 래스키는 자유가 인간에게 본래적인 것이며 돈으로 살 수 있는 것이 아니라고 말했다. 토머스 홉스는 자기 보존을 위해 자기 마음대로 할 수 있는 자연권을 강조했다. 그것은 기독교적 진리와도 부합한다. 기독교는 모든 법은 사람을 위해 만든 것이지 사람이 법을 위해 만들어진 것이 아니라고 설파한다.

한계가 없었던 것은 아니나, 이 시대에 배출된 자유에 대한 이러한 사상과 재발견은 구습으로 자리하고 있던 봉건사상을 일소할 수 있는 혁신적 사고였다는 점에서는 의미를 부여할 수 있다. 법이 사람을 위해 있고, 사회나 국가가 사람을 위해 있어야 한다는 존 스튜어트 밀의 『자유론』이 지닌 의미 또한 여기에 있다. 밀은 자유를 존중하지 않는 사회는 그 정체의 여하를 막론하고 자유로운 사회가 아니라고 단정한다. 자유가 절대적·무조건적으로 존재하지 않는 사회는 완전한 자유의 사회일 수 없으며, 타인의 이익을 탈취하지 않으면서 이익을 획득하려는 타인의 노력을 방해하지 않는 한 원하는 방법대로 자신의 이익을 추구할 자유가 보장되어야 한다는 것이 그의 의견이다. 이는 신흥 시민사회의 요구와 주장을 충분히 토로한 것이었다. 어떤 의미에서 이와 같은 중상주의적 자유사상은 자유 경쟁과 사유재산제도의 확립을 가져오고, 자본가를 만들고, 산업의 발달을 가능하게 한 원동력이었다고 말할 수 있다. 튀르고가 종교적·형이상학적인 시대는 가고 지금은 신흥 시민사회, 즉 과학 시대라고 말했을 때 그것은 이러한 시대적 분위기를 대변한 것이라고 말할 수 있다. 그는 자유만 있으면 모든 과학은 자연스럽게 발달된다고 말했다.

그러나 중상주의적 자유사상은 많은 폐해 또한 가져왔다. 재벌에 권력이 집중되면서 빈부 차이가 커지고 빈민계급이 생겨났다. 이는 자유사상에 또 한 번의 변화를 예고하는 것이었다. 봉건사회를 타파하고 신흥 세력을 지지했던 자유사상이 이제는 약자와 소수자의 입장을 옹호하기 위해 자본가에게 저항하는 사상으로 발전하게 된 것이다. 그러나 당시 이러한 생각들은 빈민계급에 대한 관념적 이해밖에는 보여주지 못하고 있다. 가령 패트릭 코쿤Patrick Colquhoun 같은 사람은 가난한 사람이 없다면 부자가 없어질 것이요, 부는 노력의 소산이므로 노동은 빈곤 상태에서만 나온다고 말함으로써 당시 사회를 정당화했다. 아서 영Arthur Young도 같은 말을 했다. 하류계급은 가난하게 해두어야만 부지런해진다는 그의 주장은 당시 자유사상의 특징과 한계를 동시에 보여주는 것이라고 말할 수 있다. T. R. 맬서스Malthus는 『인구론』 제1판에서 "인구가 기하급수적으로 증가하는데도 불구하고 식물은 산술적 숫자로 증가한다. 이 불균형을 조정하는 것으로 전쟁, 질병, 빈곤에 의한 사망이다. 인구와 식물의 증가법칙은 불변할 것이므로 빈곤은 자연적 필연의 운명이다. 그것은 사회조직에 결함이 있는 것이 아니라 도리어 빈곤을 근절하고자 함이 자연법칙에 역행됨을 알아야 할 것이다"라고 말했다. 가난을 구제하는 것 자체가 무의미한 것이다. (물론 그의 이러한 주장은 정당성을 확보할 수 없는 것이 사실이다. 이에 W. 고드윈Godwin에 의해 그 부당성이 비판받고, 맬서스는 스스로 책을 수정했던 사건이 있었다.) D. 리카도Ricardo의 임은법칙賃銀法則을 기초로 한 맬서스, 밀 등은 임금기금설賃金基金說에서 노동 전체의 임금을 증가시키지 못할 바에는 노동자 자신들의 인구 증가를 저지하는 도리밖에 없다고 주장하기까지 했다. 스펜서나 O. G. 암몬Ammon 같은 사람들은 다윈의 진화론을 노동자 문제에 적용했다. 그들은 빈곤한 노동자가 생물계의 생존 경쟁과 같이 인간사회의 생존 경쟁에서 패한 자들이므로 노동자들을 보호하는 것은 실패자의 생명을 연장하는 것에 불과하며, 이는 승자의 희생을 의미하므로 빈자를 구제하는 것은 의미가 없다고 단언했다.

이처럼 자유방임주의는 자유를 방임하는 것만이 사회의 발전을 가져오며, 그것이 인류의 발전을 약속하는 조건이라고 말한다. 여기에서는 절대적으로 자유를 보장하는 것만이 유일한 선이 된다. 자유방임 시대는 인위적으로 자유를 제약하고 강제하는 것은 사회 발전을 저해하는 것이라는 믿음이 지배했던 시대다. 자유방임 사상이 시장은 물론 교육, 문화, 정치 영역까지 깊숙이 침투되어 있었던 것이다. 이러한 자유관을 대표하는 것은 앞서 말했듯이 밀의 『자유론』이다. 밀은 모든 개인이 타인을 위해 살라고 강제하는 것보다 자기 자신을 위해 살라고 하는 편이 더 사회에 이익을 가져다준다고 말한다. 개인의 자유를 간섭하고 침해하는 사회 권력을 견제하기 위해 여론을 모으고 입법적 노력을 기울여야 권력이 개인 위에서 확장되는 것을 막아야 한다고 주장한다. 이어서 그는 이제까지의 사회는 개인의 자유를 멸살하는 방향으로 발전해왔다고 비판했다. 통치자는 권력을 가지고 있다 하여도, 자신과 다른 의견을 가진 사람을 억압할 수 있는 권리를 가지고 있지 않다. 인류를 침묵시킬 권리가 없다. 마찬가지로 인류에게도 단 한 사람의 의견이 다르다고 해서 그를 침묵시킬 권리를 가지고 있지 않은 것이다. 밀의 논리는 집단보다 앞서 한 개인의 자유가 중요하다는 시각이다.

기실 개인적 의견이 단 한 사람을 제외하고는 의미가 없거나, 그러한 의견을 제지하는 것이 개인적 손해에만 그치는 것이라면 그 파급효과는 그리 크지 않을 것이다. 그러나 특별한 경우에는 자유의 침묵을 강요당함으로써 인류의 이익을 박탈하는 일도 발생할 수 있다. 한 개인의 자유를 침해하는 것이 당대인은 물론 다음 세대의 이익마저 박탈하는 결과를 가져오지 않으리라는 법이 없지 않은가. 만일 이 한 사람의 의견이 역사적으로 매우 정당한 견해를 발전시킬 수 있는 기회였다고 한다면 인류 전체가 진리를 취할 기회를 빼앗기는 꼴이 되고 말 것이다. 물론 그릇된 의견 역시 마찬가지 영향을 끼칠 수 있다. 그러나 그 경우에도 정당한 것은 아니라고 볼 수 있다. 그릇된 의견이 출현했을 때 사회에서 벌어지는 진리와 오류에 대한 충돌과 투쟁은 어떻게 보면 진리의 생생한 생산을 가능하게 하는 조건이 될 수 있기 때문이다. 말하자면 오류를 버리고 진리를 취할 수 있는 자율적인 기회를 잃어버리는 것이 되고 말 것이다.

물론 이러한 논의에 대해서는 이견이 있을 수 있다. 좀 더 깊이 있게 고찰해야 할 것이다. 그러나 자유가 보장되지 않는 사회에서 억압되는 의견이 모두 그릇된 것이라는 것을 알 수 있는 방법은 없다. 아무리 그른 것이라고 해도 그것을 억압하는 일은 역시 유해하다. 기실 개인을 본위로 하는 방임적인 본능적 자유는 개인 자유주의를 태동시켰으며 나아가서는 무정부주의를 낳았다. 어떤 의미에서 본능적 자유는 비사회성을 내포한다고 말할 수 있을 것이다. 가장 민주주의적인 것으로 보이지만 그 근저에는 비민주적인 영역이 존재하고 있는 것이다. 민주주의란 개인들의 집약적인 단체를 본위로 하는 것이 아니라 개체로서 집합된 전체를 본위로 한다. 그러나 본능적 자유관은 개체로서의 집약체가 아니고 개체를 본위로 하는 바의 개체만을 가리킨다. 그러므로 비타협적이며 또 비사회성의 특질을 가질 수밖에 없다. 따라서 본능적 자유를 완전한 인간의 자유라고는 말할 수 없는 것이다.

그렇다면 문화 건설의 추축樞軸이 되며, 사회 발전의 원동原動이 되는 진정한 자유란 무엇인가.[1]

---

1 [원주] 이 본능적 자유는 결코 무이유無理由하고 무법칙적이며 무원인적無原因的이고도 무질서한 자유를 지칭함이 아니요, 비사회적 비민주적인 자유, 즉 개인 방종적 자유, 본능주의적 자유, 방임자의적放任恣意的인 자유를 말함이다

3
인격적 자유

인격적인 자유는 개체적 욕구가 우선시되는 방종적 자유와 달리 사회의 이익이나 국가의 이익보다 개체적 인간의 요구가 선행할 수 없다는 것이 기본적 개념이다. 개체적 자유 행위는 사회 질서와 국가의 복리를 교란하고 저해하지 않는 한에서만 용인된다. 자연인으로서 인간은 절대적 개체이지만 사회 구성원의 한 사람이라는 점에서 다른 구성원의 자유를 침해할 수 없다. 이는 스퇴커Stoecker가 인간을 복합적 존재로 이해한 것과 무관하지 않다. 인간은 선한 충동과 악한 충동 사이에서 방황한다. 즉, 인간은 선하기도 하고 악하기도 하다. 선과 악, 이 두 개의 세계와 그 힘 사이에 인간세계가 존재한다. 따라서 인간은 대립적 양극兩極 사이를 이리저리 방황하는 존재이다.

이 말은 무엇을 의미하는가. 인간이 어느 한 면만 가지고 있을 수 없다는 것을 뜻하지 않는가. 말하자면 악을 의식하지 못하는 사람은 동물이거나 신과 같은 존재일 뿐이다. 인간은 선하기만 한 것도, 악하기만 한 것도 아니다. 인간은 지극히 사회적인 동물이며 그의 모든 행위는 이러한 사회 관계 속에서 평가될 수 있기 때문이다.

중요한 것은 절대적인 나의 선이 항상 사회공통선과 반드시 일치할 수만은 없고, 사회공통선이 반드시 나의 선과 일치할 수만도 없다는 점이다. 자아의 절대적인 선, 즉 개인의 이익만을 추구하면 사회공통선이 침해될 것이다. 반대로 사회공통선만을 추구하면 개인의 자유가 존재할 수 없다. 이처럼 어느 한쪽만의 자유를 보장한다면 개인적인 독선이나 사회 또는 국가 지상주의를 낳고 말 것이다. 이러한 폐해에 대해서는 앞에서 이미 논한 바 있다. 인간사회는 개인의 자유와 사회나 국가의 자유 어느 하나만을 추구해서는 안 되는 것이다.

이러한 인간의 양면적 위치를 좀 더 잘 설명하기 위해 다른 설명들을 함께 거론해보는 것도 좋을 것이다. 가령 제임스 마티노James Martineau의 이아설二我說, Two-self Theory를 예로 들어보겠다. 마티노는 두 개의 자아를 구분한다. 하나는 법을 부과하는 나이고 다른 하나는 그 법을 좇는 나이다. 또 존 스튜어트 밀은 자유를 자기 관계적 행위Self-regarding Action와 타자 관계적 행위Others-regarding Action로 나누어 설명한다. 자기 관계적 행위에서는 무한한 자유가 가능하지만, 타자 관계적 행위 속에서는 자유에 제한이 있다고 말한다.

이러한 논의들을 미루어 볼 때에도 인격적 자유에 대한 효과는 보다 명확해진다. 인격적 자유는 개인 본위의 절대적 개인주의로도, 국가나 사회 본위의 사회주의 혹은 국가 전제專制로도 흐르지 않는 균형성을 확보한다. 개인과 국가가 충돌하는 경우에도 어느 한쪽의 과도한 희생을 피할 수 있다. 개인의 자유는 그것이 사회공통선을 침해하지 않는 한 향유할 수 있다.

인격적 자유의 기본 전제는 개인의 이익과 사회공통의 이익을 조화롭게 연결하는 데 있다. 이러한 관점에서 본다면 한 개인의 자유만을 추구하는 것은 사회공통선, 즉 사회 다수의 자유가 침해하는 일이 될 수 있다. 개인의 이익 추구가 사회의 이익을 침범하는 부당함이 발생할 수 있다. 그러므로 한 사람의 이익이라 함은 사회구성원으로서의 한 사람의 이익을 의미하는 것으로 파악해야 한다. 바꿔 말하면 사회의 이익은 사회구성원으로서의 개인의 이익을 뜻한다. 이러한 관계 설정을 전제하지 않는 개인의 자유 추구는 사회적인 자유평등 사상에 위반되는 것이라고 말할 수 있다. 이러한 생각은 벤담이 말한 '최대 다수의 최대 행복'이라는 말로 요약될 수 있다. 물론 이 말 속에는 최대 다수의 행복은 하나의 개인 또는 소수자의 행복보다도 존귀하고 가치 있다는 논리가 담겨 있다. 최대 다수의 행복을 도모하기 위해서는 '모든 사람을 한 사람 이상으로 계산해서는 안 되는 것이다. 그 한 사람이 고위 고관이라 할지라도 마찬가지다. 여러 사람의 이익보다 개인의 이익이 더 가치 있는 것일 수는 없다. 돌바흐도 말했다. 한 개인으로서의 군주의 화려한 궁전보다도 국민의 먹을 것이 더 귀중하다고. 그가 누구이든지간에, 어떤 사람일지라도 인간은 평등하며 특권자라 하여 더 큰 자유를 누릴 수는 없다. 최대 다수의 최대 행복이라는 논리 속에는 이와 같은 인권평등 개념이 담겨 있는 것을 알 수 있다. 인격적 자유사상은 인권평등 사상 위에 기초한다. 특권계급의 권리도 한 사람 이상의 권리로 인정하지 않으며 사회공통선에 부합된 행위만을 절대적인 선善으로 간주하는 것이다.

인격적 자유는 그 요청이 어디에서 시작되는 것인가. 국가와 국민의 관계에서 자유의 주체가 국민인가, 국가인가. 이는 인격적 자유를 설명할 때 무엇보다 중요한 요소라고 생각한다. 선善에 대한 요청이 국가가 주도한 것이 아니라는 점을 명확히 할 필요가 있다. 사회공통선을 정하는 것은 국가가 아니라 국민이다. 국민으로부터 시작된 요청이 곧 사회공통선을 이룬다. 이러한 생각을 더욱 잘 이해하기 위해서는 당대 사상가의 생각을 엿보는 것이 좋을 것이다. 가령 그린은 '나 자신에 의해, 나 자신 위에 부과되는 도덕적 의무의 진정한 본질이라'이라고 말했다. 미지스Mezes는 『기술적, 설명적 윤리론Ethics, Descriptive and Explanatory』(1901)에서 의무에 대한 명령은 개인 자신으로부터 부과되며 그럴 수 있을 때 자유롭게 수행 가능하다고 말한다. 선善의 요청이 국민에게서 비롯되어야 함을 강조한 것이다. 매켄지Mackenzie도 이와 비슷한 생각을 가지고 있었다. 그는 당위가 이상적인 자아로부터 현실적 자아에게 부과되는 것이라는 점에서 인간 행위의 실천의 기준이 바로 사회적 요청이라는 점을 분명히 한다. 클라크Clarke가 주장한 공정의 법칙Rule of Equity에서도 이와 같은 주장을 찾아볼 수 있다. 그는 '타인'이 개인의 행동에 어떤 의미를 지니는지 설명하는데, 타인이 나의 행위를 합리적인가 그렇지 않은가를 판단하는 것이 가능해야 내가 타인의 행동을 판단할 수 있다는 것이다. 사회공통선이란 바로 이처럼 사회 관계 속에서 개인의 자유를 생각할 때 비로소 형성된다.

이러한 논리의 배경에는 칸트의 정언명법이 가로 놓여 있다. 칸트의 도덕 법칙은 "네 의지의 격률이 언제나 동시에 보편적 입법의 원리가 되도록 행위하라"고 이른다. 그리고 "네 자신에게나 다른 사람에게 있어서 인격을 언제나 동시에 목적으로 대우하고 수단으로 대하지 말라"고 이야기하고 있다. 즉 인간이 자유의지를 소유한 존재라는 말은 자기뿐 아니라 모든 사람을 목적 자체로 대한다는 것을 의미한다. 시지윅의 금언 가운데도 이와 같은 이해를 돕는 말이 있다. 자기 자신에게 좋다고 여겨지는 것이 타인에게도 좋다는 것을 이해하지 않으면 인격적 자유는 실행될 수 없다.

인격적 자유사상의 개념 속에는 이처럼 사회와 개인의 이익을 가장 적절하게 조화를 이루고자 하는 시대적 가치가 부여되어 있음을 알 수 있다. 이 때문에 인격적 자유는 민주주의 사회에서 기본적인 자유사상으로 받아들이게 된다. 가령 한국의 한치진 박사가 쓴 『민주주의 원론』에서 인격적 자유가 중요한 하나의 개념으로 자리한다. 그는 자유란 개인이 '남에게 해가 되지 않는 범위 안에서' 자기가 좋다고 생각하는 대로 그 능력을 최선으로 발휘하고, 또 그로부터 얻은 재물과 지식을 마음대로 쓰는 상태라고 정의하는데, 이러한 생각이 곧 인격적 자유의 본질을 설명해주는 것이라고 말할 수 있다. 그의 이러한 생각은 자유가 제한 없는 것이 아니라 오히려 제한을 취함으로써 의미를 갖는 행위라는 기본적 생각 속에서 나온 것이다.

이밖에도 볼테르의 생각을 통해서도 인격적 자유의 개념을 파악할 수 있다. 그는 자유란 내가 하려는 것을 할 수 있는 것이지만 필연적으로 '할 수 있는' 것만을 하는 것이라고 말한다. 존 스튜어트 밀도 유사한 생각을 했다. 그는 공리功利가 곧 모든 윤리의 궁극적인 표준이라고 말한다. 그가 말하는 공리란 진보하는 인간의 궁극적인 이익에 근거를 둔 가장 넓은 의미의 공리이다. 그러므로 개인의 자유가 외부의 구속을 받는 것은 정당하며, 타인에게 유해한 행동을 가한 경우에는 법률로써 제지하는 것이 옳다. 만일 법률이 불가하다면 여론을 통해 제재를 가해야 한다. 유·무형의 형태로 방종적 자유에 제한을 가하는 것은 공리의 실현을 위해 중요하다. 같은 맥락에서 스펜서도 국가 통제의 필요성을 강조한다. 사회 전체의 행복이 곧 개인의 행복을 의미하는 것이며, 따라서 사회는 개인의 자유를 허락하기 위해 개인을 통제해야 한다고 역설한다.

이와 같이 인격적 자유사상이란 개인의 자유방임을 주장하는 과거의 사고로부터 단절된다. 인격적 자유는 국가 통제나 사회 제약을 정당화하며 이러한 제한이 있음으로써 인간의 올바른 자유가 향유될 수 있다고 생각한다. 이러한 인격적 자유사상은 20세기 초 가장 새롭고 보편타당한 자유관으로 자리잡았으며, 당시 수많은 국가에 영향을 주었다. 당시의 우리나라는 물론 서구 여러 나라에서 규범적 자유관으로 수용됐다. 이러한 인격적 자유사상은 교양을 갖춘 문화인은 물론 전 국민이 개인의 이욕을 떠나 사회 공공선을 위해 헌신하고자 노력할 수 있는 근거가 되었다. 많은 사람들이 이러한 자유관을 기반으로 개인적인 손실을 감내하고 보편적인 사회도덕을 지키기 위해 노력하고 자신의 영달을 넘어 가난하고 고통 받는 사람을 위해 구호와 구제 활동을 벌였다. 국가의 안녕과 재건이라는 대의大義에 봉사하는 삶이 숭앙받게 된다. 이 모든 활동을 우리는 인격적 자유의 구체적인 실천이라고 보지 않을 수 없다.

그렇기에 인격적 자유는 자기 혼자 잘살기 위한 자유가 아니라, 모두가 함께 잘살겠다는 자유관이라고 할 수 있다. 내 스스로 연구하고 노력하고 부지런히 일하는 것은 곧 사회의 복리福利를 증진시키는 행위와 연결된다.

이러한 연대적連帶的 발전의 자유관이 20세기 들어 많은 나라의 발전의 원동력이 되었던 것도 사실이다. 방임적 자유관이 비사회적인 특성이 강해 많은 폐해를 낳은 반면 인격적 자유는 이처럼 사회적이고 도의적인 면에서 많은 이익을 가져왔음을 알 수 있다.

그러나 이러한 인격적 자유에도 한계는 있다. 우리가 지향하는 발전적 자유관의 견지에서 본다면 지나치게 평면적이고 비발전적이며 비향상적이라는 내적 한계다. 인격적 자유관 속에서는 비약적인 발전은 상상할 수도 없다. 더 나은 세계를 향한 완전한 이념의 실현을 위해서는 그 생명력을 다했다고 볼 수 있다. 누구나 알고 있듯 생명이 없는 이론은 더 이상 동력이 될 수 없다. 시대 정신과 함께 부단히 변화하고 발전하지 않는다면 아무리 좋은 이론이라 해도 그 의미가 지속될 수 없다. 그리스의 철학자 헤라클레이토스Heraclitus가 만물은 유전遺傳하며 머물지 않는다고 말하지 않았는가. 끊임없이 변화하고 흐르는 무상無常이 곧 세상의 본질이다. 변화와 진전이 없다면 인격적 자유관은 이제 더 이상 우리 시대의 명제는 될 수 없다. 보다 타당하고 완전한 자유를 향해 나아갈 수 없다. 자유는 그만큼 양면적이고 상대적인 것이다. 자유 자체를 고정 불변한 것으로 규정해서는 안 된다. 자유의 본래적 의미를 따라 더욱 발전적이고 시대에 상응하는 자유를 추구하지 않으면 안 된다. 따라서 인격적 자유는 자신의 가치에도 불구하고 그 성능을 다함으로써 내부에 있던 모순이 폭발하지 않을 수 없었다고 생각한다. 이러한 자유의 평면적 정의를 넘어 완전한 자유로 나아가지 않으면 안 될 것이다.

4

발전적 자유

인격적 자유란 제한 속에서 자유를 취하는 것을 기본적 개념으로 한다. 방종적이고 제한이 없는 자유사상을 부정한다. 그러나 그것은 새로운 자유의 개념을 창안하기보다는 이미 규정된 사실들 가운데 하나를 선택하는 자유의 의미가 크다. 이 때문에 인격적 자유는 그 시대적 가치와는 별개로 일정한 한계를 드러낼 수밖에 없으며, 평면적이고 고정적인 자유관에 그친다. 이는 발전적 자유관과 사뭇 다른 성격인데, 발전적 자유관이란 더욱 입체적이고 민주적이며 생명력 있는 자유를 의미한다.

이러한 발전적 자유는 부분과 전체가 유기적인 관계를 형성하는 가운데 구현된다. 이를 좀 더 구체적으로 논의해보자. 말하자면 인격적 자유는 제한적인 자유를 주장함으로써 무제한적인 자유의 폐해를 극복한다는 점에서는 일정한 의미를 지닌다. 자유와 합리성을 적절하게 조우시킴으로써 합리적인 자유의 실현을 위한 근거를 마련한다.

그러나 이 제한을 가동시키는 동력이 지나치게 단순하다. 무제한적 자유에 제한을 가하는 것은 '복리福利'와 '발전'이라는 공리주의적 합리성에 국한된다. 그것은 자유의 개념에 생명을 부여함과 동시에 그 생명력을 제거하는 것이라고 볼 수 있다.

또한 제한 아래서만 자유의 의미를 부여하는 것 자체도 문제다. 이는 진정한 자유라기보다 강제적 자유라고 볼 수 있기 때문이다. 진정한 자유란 무한한 자유이면서 동시에 유한한 자유가 될 때 실현된다. 그래야만 완전한 자유라고 말할 수 있는 것이다. 더 넓고 완전한 차원의 자유를 이야기하기에는 지나치게 평면적인 기술이다. 자유의 입체성이 떨어질 뿐만 아니라 철학적으로 부당하게 느껴진다. 구속과 제한, 법칙 속에서만 구현되는 자유 개념을 벗어날 필요가 있다.

이에 우리는 발전적 자유론을 주장하는 바이다. 발전적 자유는 그 논리적 차원에서나 실제 사리의 차원에서 절대적인 자유를 기본 개념으로 한다. 예를 들어 선을 선이라 할 때, 그것은 절대적인 선을 의미한다. 결코 악을 선이라고 부를 수는 없는 노릇이다. 선이 주관적 실체를 갖는 것이라고는 하나, 선 자체는 객관적인 의미로 존재한다. 시간과 공간, 또는 그 대상의 변화에 따라 선의 객체가 달라질 수는 있으나 선 그 자체가 변할 수는 없다. 원시사회의 선이나 봉건사회의 선, 또는 군국주의의 선과 민주사회의 선은 객관적 대상이 상위相違하다. 그러나 선 자체는 일관된다. 항상적으로 선한 보편적 선이 존재하는 것이다. 선의 영원성을 논할 수 있는 이유가 바로 여기에 있다. 선악관이 시대의 변화, 역사적 추이에 따라 객관적 대상과 형태가 달라져도 선 그 자체는 달라질 수 없다. 자유도 마찬가지이다. 자유가 구속이 없고 강제가 없는 상태라는 것은 변함이 없어야 한다. 강제나 구속이 자유가 될 수는 없다.

그렇다면 절대적이고 완전하며 무한한 자유의 개념을 설정하지 않으면 어떻게 되는 것일까. 그것은 무한한 방종적 자유가 가져오는 폐해 못지않은 또 다른 폐해를 낳을 수 있다는 것을 잊어서는 안 된다. 시대에 따라 자유의 형태와 대상이 변함으로써 시대의 선과 정의관에 따라 자유의 대상이 달라지는 것을 단지 바라만 보아야 하는가. 정의正義나 선에 대한 관념이 변하면 자연스럽게 자유의 대상도 변하는 것이 이치임은 사실이지만, 이것이 반드시 옳기만 한 것일까. 가령 봉건사회의 자유관과 자본주의 사회의 자유관은 판이하다. 민주사회나 독재사회, 사회주의 사회에서의 자유도 각기 달라진다. 봉건사회에서 자유는 왕족이나 제후들을 위한 자유일 것이다. 자본주의 사회에서는 자본가의 이익을 위한 자유가 존재한다. 독재사회 역시 독재자나 관리들의 권력욕을 위한 자유가 존재할 것이다. 조선의 역사를 생각해보면 좀 더 잘 이해할 수 있을 것이다. 일제강점기의 자유란 일본 헌법에 따르는 것이다. 자유를 실천한다는 것이 일본 헌법의 근본 요강을 실현하는 것이 되고 만다. 만일 일본이 정한 법에 저항하거나 다른 자유를 외친다면 그것은 국가를 위협하는 불법적인 행위가 될 것이다. 어쨌든 비민주적인 사회인 제국주의, 봉건사회, 자본주의 사회에서 진정한 자유란 국민의 자유이기 이전에 소수자가 정한 규율과 법을 맹목적으로 추종하고 협력하는 것만이 자유로 용인되었다. 이것이 과연 진정한 의미의 자유라고 말할 수 있는가.

이처럼 자유는 그 자체로 하나의 모순을 가지고 있다. 따라서 항상적으로 옳고, 절대적으로 선한 자유의 개념이 존재하지 않는 한 이러한 폐해는 언제든지 다시 발생할 수 있다. 이 점에서 우리는 민주사회의 진정한 자유의 개념을 새겨볼 필요가 있다. 진정한 자유는 국민이 각자의 자유를 요청하고 실현할 수 있는 민주주의 사회에서만 존재할 수 있다.

그렇다면 우리가 주장하는 발전적 자유는 인격적 자유와 근본적으로 어떻게 다른가. 인격적 자유는 막연하고 애매하게 제시하고 있을 뿐인 공리를 민주주의 정치관 속에서 사유하지 않는다는 맹점이 있다. 인격적 자유는 어떤 정체政體이건 그것인 최대 다수의 행복과 공리를 가리키는 한 복종해야 한다고 주장한다. 따라서 개인을 단순한 개인으로 간주할 뿐 개인의 집합체로서의 전체를 상상하지 않는다. 언제든 특권자의 명령과 이들에 대한 추종이 정당화될 수 있는 여지가 존재한다. 특권자가 내세운 것을 따르고 수행하는 것이 자유로 오인하게 된다. 이로써 전제사회에 있는 사람들은 항상 전제사회에서만 살게 될 것이다. 전제적 질서라는 제한 속에서 자유를 구가하는 것이 타당하고 도덕적인 일이 아닌가. 따라서 인격적 자유관은 평면적이고 고정적이며 비발전적이라는 모순을 내포할 수밖에 없다.

기독교적 도덕관은 이러한 인격적 자유관과 연관성이 깊다. 그리스도는 기존의 부당한 질서에 대해서도 사랑하라고 가르친다. 이는 지극히 숭고한 일이지만 현실 정치에서 그러한 논리가 작동할 경우에는 역설적으로 적대적인 모반이나 적극적인 반항 대신 순응적이고 복종적인 삶을 택하도록 조정할 가능성이 높기 때문이다. 이러한 기독교적 순응성이 인격적 자유주의자들에게서도 나타난다. 이들은 어떠한 경우에라도 개인이 사회 명령 혹은 도덕규범(전제사회·독재사회 등의 법률과 도덕)에 대립해서는 안 된다고 생각한다. 더 나은 삶을 향한 발전적 모색이 차단되기 때문이다.

돌이켜보면 도덕을 절대시하고 지상 명령으로 받아들인 칸트의 철학이 오늘날 크게 호응을 얻지 못하는 원인이 바로 이것이다. 공자가 말한 도道 역시 현실적인 힘을 발휘하지 못하기는 마찬가지다. 여기서 인격적 자유의 모순이 발견된다. '제한'을 둠으로써 오히려 자유의 본질을 침해할 수도 있다는 우려가 발생하는 것이다. 자유 그 자체보다 '제한'이 강조될 경우 자유의 본질적인 의미는 탈각되고 말 것이다. 현실을 순응하도록 가르칠 뿐 더 발전적인 세계로 나아가고자 하는 의지를 꺾기 때문이다.

또한 인격적 자유관은 특수한 각 사회의 정체政體를 고려하지 않는다는 점에서도 큰 결점을 지니고 있음을 알 수 있다. 국민이 국가 이념과 사회 법칙을 저해해서는 안 된다는 이념은 진정으로 자유를 실현하고자 하는 민주적 목표를 방해하는 논리다. 인격적 자유관 속에서는 누군가 더 나은 세계를 꿈꾼다 해도 그것이 기존 사회 질서를 침범하는 것이 된다면 제지당한다. 그렇다면 이러한 인격적 자유관의 논리는 국가가 개인으로 이루어진 집합체라는 것을 무시한 것이 아닌가. 그것은 국가선행설이 지닌 한계로부터 한 걸음도 더 나아가지 못한 것이다. 국가가 개인보다 먼저 존재하지 않는 것처럼 개인의 자유를 제한하는 것이 국가질서에 복종하는 것만을 의미하는 것은 결코 아닐 것이다.

모든 사람들이 국가의 정체에 대한 고려 없이 무조건적으로 국가 법령과 사회 질서를 따라야 한다면 그것은 얼마나 어리석은 일인가. 자유의 참뜻으로부터 한없이 멀어지는 것이다. 그렇게 되면 어느 누가 더 나은 나, 더 나은 사회, 더 나은 국가를 꿈꾸고 그렇게 되도록 노력할 것인가. 그렇다면 차라리 발전적 관점에서 개인의 자유를 제한 없이 보장하는 것이 더 중요한 것 아닌가. 개인의 자유에 제한을 두는 것만이 자유의 공리를 실현하는 것은 아닐 것이다. 존 스튜어트 밀은 현명하고 숭고한 모든 일의 시초는 개인에게서 오고 또 개인에게서 와야 한다고 말했다. 모든 자유의 진정한 국면은 결국 하나의 개인에게서 오기 때문이다. 국가에 이익을 가져다준다 할지라도 개인의 이익과 국민의 이익을 망각한 것은 하등의 가치도 없다. 자유는 항상 이러한 뜻을 가져야 하는 것이다.

또한 자유의 본질은 자신이 옳다고 생각하는 것을 실천할 수 있는 것을 의미한다. 그런데 소수 특권계급을 제외한 일반 국민이 이러한 본질과 다르게 옳고 바른 것을 위해 실천할 수 있는 자유를 보장하지 않는다면 과연 자유국가의 국민이라고 말할 수 있을까. 그것은 자유국가의 반대인 소수 특권계급을 위한 국가가 아니고 무엇인가. T. 후커Hooker는 인간의 자유와 동물의 자유를 구분해 스스로의 판단과 행동 없이 오로지 선도자先導者가 이끄는 대로 순종하는 것은 동물이라고 말한다. 그러나 인간에게는 지도자가 선도하는 것과는 다른 방향으로 나아갈 수 있는 자유가 있다. 계급적으로 우위에 있다 하여 맹종을 강요하는 것은 비인간적인 일이다. 진정한 의미의 자유란 올바른 생각을 스스로 갖고 자신이 옳다고 생각하는 것을 실천하고자 노력하는 것이다. 설령 위대하고 존경할 만한 존재의 명령이라고 해도 이성을 가진 인간에게는 그것에 굴복하지 않을 권리가 있는 것이다. 누군가가 정한 범위 안에서만 제한적으로 자유를 누린다는 것은 자유의 참뜻과는 한참이나 어긋나는 일이다.

진정한 국민의 자유란 진리의 신봉이 자유롭고 이를 실천함에 있어서 어떠한 구애拘碍도 받지 않는 상태를 의미한다. 그러한 상태를 실현할 수 있는 사회만이 진실로 자유로운 사회, 자유국가라고 말할 수 있다.

자유에는 작은 자유와 큰 자유가 있다. 작은 자유란 주관적인 자아의 욕망과 감정이 일어나는 대로 욕구하고 희망하는 것이다. 따라서 작은 자유는 본능적이고 충동적이며 이기적인 성격을 가질 수밖에 없다. 반면 큰 자유란 객관적인 자아를 기반으로 한 자유이다. 이성적이고 규범적이며 도의적인 성격이 강하며, 사회공통선, 곧 사회선을 희구希求한다는 것이 중요한 특징이다. 그 점에서 작은 자유를 주아主我적 자유로, 큰 자유는 객아客我적 자유로 부를 수 있다.

각각의 구체적인 성격을 살펴보자. 우선 주아적 자유는 개인 욕망 충족에 급급하므로 미래보다는 현재를, 대아大我적 만족보다는 소아小我적 만족을 추구하는 경향이 강하다. 따라서 이성보다는 감성을 중시하며 역사적인 것보다는 현세적인 것에 주목하는 편이다. 이 때문에 주아적 자유는 사회적인 것보다 개인적인 것을 자유의 목표로 삼는다. 의리를 앞세우기보다 정욕情欲을 더 중요한 것으로 느끼는 경우가 많다. 그러나 객아적 자유는 감성보다도 이성을 추종한다. 정욕의 논리보다는 사회적 의리가 더 중요하다. 개인보다는 사회를, 현재보다 미구未久한 장래를, 사리私利보다 공리公利를 추구한다. 현세적인 것보다 역사적인 것을 중지하고 허위보다는 진리를 더 사랑한다.

이처럼 자유라고 다 같은 것이 아니다. 인간의 마음속에 있는 자유는 하나이되 그 형태와 실천 방법은 동일하지 않다. 이상적인 자유란 이러한 주아적 자유와 객아적 자유가 변증적으로 결합된 상태를 의미한다. 기실 이러한 자유의 이중성은 인간이 지닌 이원성에서 온다. 인간이란 개별적인 존재이면서 동시에 사회적인 존재이다. 이런 까닭에 자유 또한 개인적인 자유와 객관적인 목표를 가진 자유로 이원화될 수 있는 것이다. 이는 인간의 마음의 구조를 보아도 마찬가지이다. 인간이 단순히 충동적인 본능만을 가졌다면 객아적 자유란 필요치 않을 것이다. 또 인간은 선한 마음과 악한 마음을 모두 가지고 있어 자유의 주관성과 객관성이 동시에 요구되는 것이다.

인간의 자유란 주아적인 자유와 객아적인 자유가 대표적이다. 이 두 자유가 상호 조절하여 완전한 나의 자유를 구성한다. 인간은 주아적 자유만으로도 완전한 자유의 소지자가 될 수 없고 또 객아적인 자유만으로도 완전한 자유의 소지자가 될 수 없다. 실로 이 두 자유의 상호 조절로서만 완전한 자유를 형성할 수 있는 것이다. 주아적 자유에 경도傾倒하면 감성적인 인간이 되고 만다. 객아적인 자유에만 경도해도 역시 불완전한 인간이 되기는 마찬가지이다.

진정한 의미에 있어서 완전한 자유를 통한 전인全人이 되려면 자아自我적 자유와 객아적 자유의 소행을 지양한 자유를 실현해야 한다. 이 두 가지 자유를 종합하지 않는다면 인간은 무한한 자유의 참뜻을 누릴 수 없을 것이다. 어느 한 쪽만 가진 존재는 진정으로 자유롭다고 말할 수 없다. 나의 이익을 추구하는 주아적 자유와 함께 사회 이익을 지향하는 객아적 자유가 공존할 때 비로소 자유롭다 할 수 있다. 나의 자유를 실현함으로써 곧 사회의 일원으로 자리 잡을 수 있게 되는 것이다.

주아적 자유와 객아적 자유는 상호 협력 관계에 놓여 있다. 객아적 자유는 주아적 자유에서 요구되는 제반 조건을 해결해줄 수 있다. 그러나 이러한 기능을 하는 객아적 자유란 근본적으로 주아적 자유에 의해서 구현 가능하다. 주아적 자유가 나의 삶을 영위하도록 돕는다면 객아적 자유는 나를 뭇사람과 협력하는 사회구성원으로서 자신의 자유를 침해받지 않고 살아갈 수 있도록 돕는다.

그러므로 개인의 자유와 사회공통선은 동시에 실현될 수 있어야 하는 것이다. 이렇게 될 때 비로소 인간은 개체로서의 자유와 공동체로서의 자유를 완전하게 향유할 수 있다. 이 두 개의 자유가 보장될 때에만 비로소 발전에서 발전으로 거듭 나아가는 인간 전체의 복지를 약속할 수 있다.

그런데 이러한 두 개의 자유 사이에는 원칙적 명제가 개재介在되어 있다. 주아적 자유와 객아적 자유가 상충하는 때는 원칙적으로 객아적 자유에게 양보해야 할 것이다. 이 점에서는 발전적 자유 역시 인격적 자유관과 유사해 보일 것이다. 그러나 그 근본 문제에 있어서는 모든 것이 판이하다고 말할 수 있다.

인격적 자유관은 개인의 이익과 공공의 이익이 상충할 경우 반드시 사적 요구를 공적 요구에 양보해야 한다고 주장한다.[2] 가령 존 스튜어트 밀은 국민의 의지란 국민 전체가 아니라 국민 중 대다수의 것을 의미한다고 말한다. 이때 대다수란 국민 중에서 가장 활동적 존재들을 일컫는 것으로, 좀 더 주동적인 역할을 하는 사람들을 의미한다. 그러므로 인격적 자유는 항상 어떠한 큰 사회의 제약 밑에서 그를 감수하는 자유를 의미하며, 사회 제약 자체가 정당한지 부당한지에 대해서는 문제 삼지 않는다. 인격적 자유가 은연중에 국민의 순종을 내포할 수밖에 없는 것은 그 때문이다. 이러한 자유의 논리는 비단 자유의 실천에만 그치지 않는다. 사회 교육 시스템에도 그대로 영향을 주어 제약의 권역을 월경越境하지 않는 것을 교육의 미덕으로 삼는다.

예를 들어 차별적인 자유라 해도 순종해야 하는 것이다. 밀은 도덕이라는 것이 우월한 계급의 이익을 대변하는 것으로 생각했다. 어느 시대, 어떤 사회에서도 도덕이란 근본적으로 우월한 계급을 위한 것이었다. 스파르타인과 노예, 귀족과 평민, 농장주와 흑인 노예, 군주와 신하, 남자와 여자 등 도덕 또한 보다 우월한 계급의 이익을 대변해왔다. 민주국가를 제외한 어떤 사회에나 계급 의식과 차별이 존재해왔던 것이 사실이다. 역사적으로 볼 때 대부분의 법률이 당대 가장 우세한 계급을 옹호하는 것이 정당한 것처럼 인식됐던 것이다. 예를 들어 봉건사회에서는 왕족이나 귀족 제후를 위한 법률이 주를 이뤘다. 군주사회에서는

---

2 [원주] 봉건사회에 있어서의 특권계급의 전횡이나 군주사회에 있어서의 군권신수설 등의 발동은 그 사회에 있어서 비공식적이나마 사회의 이익을 대표하는 것이다

군주의 권력 행사와 특권계급을 비호했다. 자본주의 사회에서는 자본가나 기업가 또는 재벌의 번영을 정당화하고 조장했다. 그럴 때 인격적 자유관의 입장이라면 어떤 태도를 취할까. 필경 잘못된 것임이 분명해도 사회적 제약을 수용하라고 말할 것이다. 사회적 제약 안에서 행동하는 자유만이 진정한 자유라고 생각할 것이다. 이 점에서 인격적 자유관은 평면적이고 고정적인 것일 수밖에 없는 것이다. 더욱 향상적이고 발전할 수 있는 자유가 주어지지 않는다. 인격적 자유관은 비유하자면 울타리 안에서의 자유인 것이다.

그러나 진정한 자유란 언제나 항상적으로 그 본래의 뜻이 유지될 수 있어야 한다. 어떠한 상황에서도 자유의 본질이 달라질 수는 없다. 자유는 항상 자유여야 한다. 이러한 본질을 상실하지 않는 자유만이 진정한 의미의 자유라고 주장하는 바이다. 만약 인격적 자유와 같이 제한 속에서 강제된 자유는 참된 자유라고 말할 수 있다면, 그것은 자유가 아니라 단지 자유로운 제한일 뿐이다. 반만 자유라거나, 3분의 2 혹은 3분의 1만 자유라거나 하는 것을 어찌 자유라 부를 수 있겠는가. 그것은 마치 선善이 악한 것을 포함하고 있다고 하는 논리와 다를 바가 없지 않은가. 그것은 사심私心 없이 사회와 인류를 위해 노력을 경주하는 사람보다 협잡도 하고 속이기도 하면서 선한 사람의 가면을 쓴 사람이 선한 사람이라고 말하는 꼴이다. 그러므로 본질이 달라질 수 있는 자유, 강제와 제한을 우선시하는 자유는 자유가 아니다. 자유의 본질 자체는 영원하게 제한받지 않아야 한다.

따라서 우리는 인격적 자유의 장점을 인정하지만 보다 발전적인 사회를 위해서 '발전적 자유'를 주장한다. 발전적 자유란 발전할 수 있고 향상할 수 있는 입체성을 지니고 있다. 또 사회적인 자유와 자아적인 자유를 동시에 구현하는 양의성을 내포한다.

그것은 개인을 위한 자유의 실천과 사회구성원 모두를 위한 사회공통선을 실현하는 것을 일치시키는 자유이다. 객아적 자유가 결국 나 자신을 위한 자유가 되는 사회를 실현하는 것이다.

이 말은 발전적 자유에는 어떠한 충돌이나 쟁투가 없다는 것을 의미하는 것은 아니다. 개인의 의견과 국가(사회)의 의견이 항시 일치하는 것은 아니다. 다만 이러한 충돌이 있을 때 발전적 자유는 소수자인 개인의 의견을 공적 의견(국가 의견)을 위해 제거하지 않는다는 점이 중요하다. 물론 국가의 규범과 법칙 준수라는 원칙적 차원에서는 개인의 이익만을 좇는 주아적 자유를 양보하는 것이 맞다. 그러나 객아적 자유라는 이름으로 국민의 이익에 반해 소수 특권계급이나 통치자를 위한 이익을 추구한다면 즉시 거부해야 옳다. 사회가 민주적이지 않다면 객아적 자유라고 항상 옳을 수는 없다. 모든 상황을 불문하고 굴종만이 자유의 조건이라고 생각해서는 안 된다.

바로 이 점이 발전적 자유가 인격적 자유와 본질적으로 구별되는 점이다. 인격적 자유에서는 비록 소수 계급의 이익만을 대표하는 법이라 해도 사회의 구성원인 개인이 그것에 복종하는 것이 옳다. 이러한 생각이 비역사적이고 비발전적인 것임은 말할 것도 없다. 발전적 자유는 국민의 의사와 복리福利를 대표하지 않는 경우에는 객아적 자유보다 주아적 자유를 강조해야 할 수 있는 여지를 제공한다. 어떤 이는 개인의 자유를 보다 큰 자유를 위해 그 권리를 양도하는 것이 자유의 본질에서 어긋나는 것처럼 인식할 수도 있다. 그러나 주아적 자유와 객아적 자유 모두 '나'라는 존재를 구성하는 두 개의 본질이라는 점에서 개인의 자유를 미뤄 둔다 해도 자유의 본질을 헤치는 것은 아니다. 객아적 자유가 나의 것이 아니라고 생각하는 단순함을 버려야 할 것이다.

인격적 자유가 아무리 옳다 해도, 전제사회나 군주사회와 같이 비민주적인 정체 속에서는 진정한 의미의 자유가 될 수 없다. 철책 안에 갇힌 자유의 운명과도 같다. 그러나 발전적 자유관은 객아적 자유가 아무리 중요하다 하더라도 국민의 자유와 복리를 위한 것이 아닐 때에는 개인에게 이를 거부할 수 있는 권리를 부여한다. 때문에 발전적 자유관은 더 나은, 옳은 자유에로 발전해 갈 수 있는 가동성可動性을 지닌다. 이러한 가동성이야말로 발전적 자유의 생명이요 날개다.

따라서 발전적 자유관만이 진정으로 민주적인 자유관이라고 말할 수 있다. 이는 거꾸로 말하면 민주사회란 이러한 발전적 자유를 가능하게 하는 사회라는 뜻도 된다. 국민의 정당한 권리와 복리를 요구하는 것이 민주사회의 조건이자 지향성이다. 따라서 발전적 자유관은 그 어떤 자유관보다 민주주의에서 주창하는 자유의 본질을 가장 잘 실현하는 자유관이라고 말할 수 있다. 이 점에서 볼테르가 말한 것, 즉 자유를 압박하는 모든 것은 악이며, 자유를 긍정하는 모든 것은 선이라는 생각이 크게 틀리지 않았다고 생각한다. 프랑스 혁명 인권선언문에도 그와 비슷한 말이 있다. "전 주권의 연원淵源은 본질적으로 국민에게 있다. 그러므로 어떤 단체나 어떠한 개인일지라도 국민에게서 나오지 않는 권력은 결코 행사해서는 안 된다." 자유가 민의民意를 벗어나면 진정한 자유가 될 수 없다는 것을 간명하게 표현하고 있다. 발전적 자유관이 추구하는 방향과 일치한다. 미국 독립선언문도 주목할 필요가 있다. 토머스 제퍼슨Thomas Jefferson은 모든 사람이 태어날 때부터 평등하고 신으로부터 양도할 수 없는 권리를 부여받았으며, 그 권리란 생명·재산·행복을 추구할 수 있는 자유권이라고 말한다. 이러한 국민의 권리를 보장하기 위한 정부는 국민에 의해 조직되고 또 그 정당한 주권은 피치자被治者의 승인에 의해서만 성립된다. 국민은 이러한 목적에 위배될 때에는 언제든지 정부의 권한을 변경하고 폐지할 수 있다. 그것이 국민의 권리다. 이러한 사유들은 그 자체로 발전적 자유관에 대한 절대적인 긍정이라고 할 수 있다.[3]

3 [원주] 원칙 문제가 민의民意에 벗어나는 경우에는 객관적 자유가 주아적 자유에게 굴하여야 한다고 함은 결코 혁명에서 혁명으로 비약하는 것을 찬양하는 견지에서 말함은 아니다. 본 장에서도 누누한 설명을 첨가한 것과 같이 원칙적으로는 인격적 자유와 동일하게 주아적 자유는 객아적 자유에게 굴종하여야 하지만 이에 항상 긍정함만은 부당하다는 것이다. 그러므로 민의에 벗어나는 바의 주권이 지배할 때에는 맹종에서 벗어나 다만 정상적正常的 궤도에 옮겨놓아야만 정당하다는 것을 의미한 것뿐이다.

5
자유의 진의와 그의 세계

자유는 인간의 생존을 위한 피[血]이자, 국가 존립과 사회 건설의 동력이다. 자유의 진의眞義는 방종도 방임도 아니며, 구속 없는 해방을 곧 자유라고 부를 수는 없다. 자유의 땅에서는 자유로운 진리 추구가 가능하고 국민의 이익을 위해 사유하고 토론하고 실천하는 데 구애를 받지 않는다. 자유는 인간의 희망이자 행복이며 발전을 위한 조건이다. 인간은 자유에 의해 살고, 자유를 위해 살아 왔으며, 자유를 얻기 위해 살아간다.

물론 자유의 성격과 내용은 시대와 사회의 사상에 따라 판이하다. 자유방임주의가 팽배했던 시대에는 치열한 생존 경쟁에 의해 소수 특권자에게 힘이 집중되면서 다수가 지배를 받는 결과를 초래했다. 역사적으로 볼 때 이러한 권력의 집중화가 가져온 자유의 억압은 비일비재했다. 소수자가 다수자를 지배하고 노예화함으로써 계급 간 대립과 투쟁이 발생했다. 각 시대의 법률이 힘 센 자의 이익과 권력을 옹호했으며, 약한 자는 자신의 이익을 희생하고 봉사하는 것을 정당화한 예가 많다. 이 때문에 전제사회나 봉건사회 혹은 독재사회에서 자유를 향유한다는 것은 진정한 자신의 이익과 행복을 위한 자유가 아니라 역설적으로 특권자들의 권리와 이익을 구현하기 위한 자유가 된다. 자신의 이익을 행사할수록 소수 특권자의 이익을 증대시키기 때문이다. 이는 무지한 군중과 간교한 권력자의 관계가 만들어낸 웃지 못할 비민주주의적 상황이라고 말할 수 있다.

일제강점기 식민지 조선에서 행사했던 모든 헌법이 이와 같다. 식민지를 착취하기 위한 조문條文이 당당히 기록되어 있다. 가령 "일본 신민은 법률의 범위 내에 있어서 언론, 저작, 인행印行, 집회 급及 결사의 자유를 유有함"이라는 조항이 있다. 여기서 '법률의 범위 내에 있어서만'이라고 한 전제 조건의 속뜻은 '제국주의 법률, 침략주의 법률하에 있어서'라는 것이다. 일본의 침략주의를 보장하고 이에 협조하라는 논리가 아니고 무엇인가. 더 구체적으로 말한다면, 일왕의 야욕과 그 왕족들 내지는 미쓰비시三菱, 미쓰이三井, 스미토모住友 등의 재벌들을 옹호하는 범위 안에서만 언론, 저작, 인행 등등의 자유를 향유할 수 있다는 것 이외의 다른 것이 아니다. 이러한 폭력적인 강제 조항을 알게 된 사람은 그 누구도 분노하지 않을 수 없으며 그러한 법률 조항에 항거하지 않을 수 없었다. 이와 같은 법률을 가진 나라는 비단 일본만이 아니다. 전제사회나 봉건사회는 말할 것도 없고 독재사회나 여타 군국주의 국가에서도 흔히 볼 수 있는 일이다. 소수 계급의 이익과 전횡을 옹호한 사회에서는 자유를 향유하는 것은 오히려 특권계급의 옹호자 또는 전위자前衛者가 되는 결과를 낳는다. 노예 상태의 자유란 결국 전체 국민을 착취하고 억압하는 데 동조하는 자유일 뿐이다.

그러므로 "나에게 자유를 다오, 아니면 죽음을 다오!"라는 패트릭 헨리의 절규는 바로 이러한 깨달음의 표현이라고 말할 수 있다. 특권자에 종속된 삶에서는 자유란 무의미하며 자유 없는 삶을 살아간다는 것은 인간으로서의 본의本義를 저버리는 것이기 때문이다.

자유 그 자체가 인간 발전과 복지를 위해 반드시 필요한 것이기는 하지만 무조건적으로 항상 순응해서는 안 된다는 것을 알아야 할 것이다. 자유만 있으면 항상 행복하고 인간으로서 가치 있는 삶을 살 수 있다고 생각하는 것은 옳지 않다. 전제사회나 독재사회에서는 어떤 자유도 진정한 자유가 될 수 없다. 오로지 민주사회에서만 가능하다. 국민 전체의 의사에 의해 다스려지며 국민 전체의 이익을 위해 국민 자신들이 정치하는 민주주의 국가에서가 아니고서는 어떤 자유도 자유가 아니다. 민주사회에서는 국민으로서의 자유를 향유하는 것이 곧 전체 국민의 이익을 위하는 것이다. 마찬가지로 전체 복리福利를 도모하는 것이 국민 각자의 복리를 실현하는 것과 일치한다. 따라서 민주사회에서만 진정하고도 공평한 자유의 실현이 가능한 것이다.

자유의 실현을 위해서는 반드시 정치체제의 민주화가 요구된다. 자유에 대한 추구가 올바른 정치체제에 대한 추구와 병행되어야 하는 것이다. 그렇게 되어야만 진정한 의미의 자유가 실현될 수 있다. 자유가 지닌 본래의 뜻을 구현할 수 있는 것이다. 만일 사회가 불평등하다면 자유는 노예적 종사從事에 불과하다. 진정으로 평등한 사회에만이 자유가 생명이요 발전이요 희망이 될 수 있는 것이다.

밀은 『자유론』에서 이러한 자유의 원리에 대해 갈파했다. 그는 어떤 사회에서든 우월한 계급이 존재하는 곳이면 사회의 도덕이 계급의 이익 내지는 계급 우월주의에서 비롯된다고 말한다. 그러므로 진정한 자유란 이러한 특정 계급만을 위한 사회에 저항하는 데서부터 시작된다고 말할 수 있다. 가령 봉건사회에서 진정한 애국자의 유일한 임무는 통치자의 권력을 제한하는 데 있다. 역사상 모든 자유는 정치적 통치자의 포학에 대해 자기 자신을 보호하는 것이었다고 말할 수 있는 것이다. 비민주적인 불평등 사회에서는 진정한 자유를 향유하는 것 자체가 불가능하다. 그러한 사회의 자유란 오히려 부자유를 자초할 뿐이다. 불평등한 사회 자체를 문제시하지 않고 자유만을 향유하고자 하는 것은 노예화된 삶에 만족하는 것과 다르지 않을 것이다. 아리스토텔레스는 "선한 것이란 진정으로 선한 사람이 좋다고 하는 것이 선한 것이라"고 했다. 시지윅도 "자신에 있어서 옳다고 판단한 바의 행위는 자기와 동일한 사정에 처해 있는 사람에게는 모두 옳다고 할 것을 암암리에 단정하는 것이 된다"고 말했다. 국가의 목적이 전 국민의 안녕 복지를 누리는 것에 있다면 국가가 국민에게 주는 자유는 반드시 전 국민의 이익을 보호할 수 있는 자유여야 하는 것은 말할 것도 없다. 국가의 자유가 어느 특정 계급의 자유가 되어서는 안 된다. 그것은 진정한 자유의 진의眞義에서 한없이 벗어난다.

진정한 행복을 국민에게 주고자 한다면 플라톤이 생각한 것처럼 정치를 지자智者나 철인哲人에게만 맡겨서는 안 된다. 반대로 템스 브라이스Thames Bryce가 말한 것처럼 정부 형태에 관한 의논은 오히려 우자愚者에게 맡겨야 한다. 우자란 국민을 뜻하며 국민에게 정치를 되돌려주는 것이 자유 실현을 위한 최상의 형태라고 말해야 한다. 자유를 주되 국민을 정치에서 분리시키는 것은 일종의 특권자의 책략이라고 밖에는 해석할 수 없다. 밀의 『자유론』 역시 이 부분에 있어서만은 올바른 견지를 주지 못하고 있다. 그는 비록 독단적일지라도 우매한 민중 혁신을 꾀하는 통치자에게 필요한 것은 민주주의보다 전제정치라고 말했다. 혁신을 원하는 통치자가 다른 방법이 없다면 전제정치를 쓰는 것이 정당하다는 것이다. 야만인에게는 전제정치만이 유일한 통치 수

단이라는 생각이다.

정치를 배제시키는 자유사상이 얼마나 위험한지 우리 민족은 이미 경험했다. 일제강점기에 일본의 압제에 시달리던 조선 사람들은 일본제국의 몰락을 얼마나 원했던가. 어떤 이들은 일본제국의 전횡에 동참하는 삶을 거부하고 죽음을 택하는 것을 두려워하지 않았다. 살아남기 위해 특권자에게 종속된 굴욕을 택하느니 배고픔을 택하고자 했던 것이다. 왜 그랬겠는가. 소수의 특권자가 전체 민중을 착취하는 전제정치는, 설령 그것이 일시적으로 개혁과 발전을 가져올 수는 있을지라도, 그 가치는 국민의 손에 의해 국민 자기 자신들을 위해 협력하는 민주정치와 비할 수 없다. 모든 사람들이 각기 자신의 행복을 자유롭게 추구하고자 한다면 민주주의 국가를 수립해야 한다. 자유와 평등으로 이루어진 민주사회가 아니고서는 자유와 행복의 존립도 의심스러운 것이다. 단적으로 말해 민주사회에서 자유는 전체 국민의 번영이지만, 전제사회에서의 자유는 전 국민의 자멸일 뿐이다.

플라톤은 말했다. 민주주의에서의 자유는 국가의 영달이므로 자유인이라면 당연히 민주주의 안에서만 살기를 원한다고. 민주사회는 언제나 국민의 평등과 공영을 위한 자유를 주장하고 또 향유한다. 평등과 공영을 지반地盤으로 성립하지 않는 자유는 일부 독점의 자유일 뿐이다. 자유는 오로지 민주주의를 기반으로 하는 세계에서만 진정한 복지를 약속한다.

자유는 희망이며 동시에 발전의 첫 번째 요소이다. 어떤 사회에서고 자유가 억압되는 곳에서는 진정한 발전이 없다. 평등하지 않은 편파적인 자유 때문이다. 발전이란 더 나은 것, 더 좋은 것, 더 편리한 것, 더 효과적인 것으로 향상하는 것을 의미한다. 생명이 없는 곳에서는 발전이 없다. 생명을 지닌 유기체처럼 모든 세포가 움직이고 살아 있어야 자유가 존재할 수 있다. 서로 대립하고 또 상호 간 협력하면서 살아갈 수 있을 때 비로소 새로운 제3의 형태, 다시 말해 발전이 가능한 것이다.

이와 마찬가지로 자유도 억압된 비생명적 세계에서는 자랄 수 없다. 살아 있는 사회, 즉 모든 주체들이 상호 대립하면서도 서로 의논하고 투쟁할 수 있는 자유가 보장된 곳에서만 발전이 있을 수 있다. 자유를 압박하는 것은 무엇이든 악이요, 자유를 긍정하는 것은 모두 선한 것이라고 말한 볼테르의 생각은 바로 이러한 자유와 발전의 관계를 보여주는 것이라고 말할 수 있다. 그러나 이러한 자유의 중요성이 자유를 실현할 수 있는 정치와 분리해서 이해해서는 안 된다.

근대 초기 자유에 대한 수많은 이론들은 분명 민주주의 역사에서 중요한 계기가 되었다. 개인의 자유에 대한 주장이 있었기에 오늘날과 같은 자유의 의미가 성립될 수 있었던 것이다. 예를 들어 대표적으로 밀Mill의 『자유론』이 있다. 그는 어떠한 경우에도 자유를 억압하는 것은 절대 불가不可하다고 말한다. 어떤 일이 개인에게 유리하거나 행복을 준다는 이유만으로 그 일을 해야 한다고 강제하는 것은 부당하다. 권유하고 논의하고 설득하는 것, 또는 간청하는 것은 가능하지만 어떤 행위를 하거나 하지 말아야 할 것으로 강제적으로 정해서는 안 된다. 아무리 좋은 일이라도 반대할 경우에는 강제해서도 안 되며 또 따르지 않는다고 처벌해서도 안 된다. 자신의 견해를 타인에게 강제로 권고하여 굴종시키는 것 또한 억압이다. 그것은 사회적 인간으로서 유일하게 책임을 져야 할 대상이 타인이다. 타인을 간섭하거나 강제하는 것은 나로부터 타인의 독립을 인정하지 않는 것과 같다. 모든 개인은 자기 자신에 대해, 그리고 자신의 정신에 대해 주권자다. 이러한 밀의 사상을 개인주의가 옹호되기 시작한 당시 시대적 상황 속에서 볼 때 매우 정당한 것이었다고 평가해야 할 것이다.

또한 당시 자유사상의 핵심은 다른 개인에게 해를 주지 않는 한 나의 자유 또한 보장된다는 생각이다. 이를 위해서는 토론과 대화가 무엇보다 중요하다. 가령 존 스튜어트 밀의 생각을 통해 볼 때, 그 시대의 자유사상은 충돌을 두려워하지 않았다. 진리의 부분들이 충돌하는 것보다 다른 소리를 억제하는 것을 더 두려운 일이라고도 했다. 양쪽의 다른 의견을 모두 들을 수 있을 때에는 발전 가능성이 존재하지만 한 쪽 의견만을 들을 수 있을 때에는 편견만이 존재한다. 그렇게 되면 진리 자체도 의심스러운 것이 되고 만다.

자유의 올바른 바탕은 대립을 통하여 서로의 의견과 주장을 다듬고 발전시키는 것이다. 이러한 생각은 앞으로 발전하게 될 '살아 있는 자유', 대립과 토론을 통해 형성되는 민주적 자유의 발전을 예기한 것이라고 말할 수 있다.

자유방임적 사상에 의하면 그 행동이 이기적인 이익만을 추구함으로써 타인의 이익을 침해하지 않는 한 절대적으로 보장된다. 그러나 이와 같은 독선적인 행위는 필연적으로 자아 독존이라는 편견으로 향할 수밖에 없다. 옳다고 믿는 그 일이 과연 옳은 것이었을까. 이 세상에서는 절대적으로 옳은 일이란 없다. 옳다는 생각은 개인의 주견主見에 의한 것일 뿐, 객관적으로 옳은 것이 아닐 수도 있다. 그의 주장이 대체로 옳은 것일지라도 나머지 부분이 옳지 않을 수도 있지 않은가. 보편적 시각에서 볼 때에도 과연 옳은 것인지를 판단할 수 없다. 또한 지금은 옳은 것일지라도 미래에도 옳은 것인지 누구도 알 수 없는 것이다. 지금은 그릇된 것이나 장차 옳은 것이 될 수도 있고 그 반대도 가능하기 때문이다. 그것은 선이라는 개념이 보편타당해도 시대적 흐름이나 변천과 무관한 것으로 이해해서는 안 되는 것과 같다.

절대적으로 선한 것을 세웠던 기준들은 실제로 역사의 흐름 속에서 소멸되기도 한다.

다시 한 번 밀의 생각을 들여다보자. 그는 인간이 인간을 억압하는 의견은 절대적으로 옳지 않다고 단정한다. 아무리 옳은 일이라 해도 이것에 의해 다른 생각과 행동을 억압하는 것은 유해하다. 개인이 오류를 범할 수 있는 것과 마찬가지로 하나의 시대 역시 오류를 범할 수 있다. 그것은 명백한 이치이다. 우리 시대에 있었던 일은 후대 사람이 보기에는 올바르지 못할 수도 있다. 오늘 합리적이라고 하는 것이 시간이 흘러 불합리한 것이 되기도 하지 않는가. 과거에 일반적으로 통용되던 진실이 지금에 이르러서는 배척당할 수 있다. 따라서 한 시대의 의견은 후대 사람들에 의해 수정될 수 있다. 이러한 밀의 생각은 현재 우리가 옳다고 생각하는 것들이 독단으로 흘러 타인을 억압하는 것이 되는 것을 성찰하도록 한다는 점에서 일정한 의미를 부여할 수 있다. 자유의 세계란 무한대의 세계이며 자유의 진의眞儀란 다원적이면서도 그것의 온축蘊蓄은 대단히 깊다.

그러나 경계해야 할 부분 또한 없지 않다. 이러한 종류의 자유관은 개인 본위적인 생각에서 출발하기 때문에 그러한 성격이 집단화되면 계급적이고 전체주의적 경향으로 흘러갈 수 있다. 이에 대한 명확한 인식이 요구된다. T. 캄파넬라Campanella의 '태양의 도시'에 이런 말이 있다. '진리의 탐구자나 철인哲人들은 인류사회를 다스려야 한다. 모든 사람은 신의 자제로서 한 계급이므로 평등하다. 한 가지의 신을 믿는 시민들은 한 가지 정치 밑에서 살 수 있다.' 또 괴테는 이렇게 말했다. '자연법 앞에서는 인종적 계급적 차별이 없으므로 모든 사람은 평등하다.' 즉, 자유는 개인의 본능을 만족시키기 위해 존재하는 것이 아니다. 이성을 구현하는 행위가 곧 자유이다. 따라서 사리사욕에서 비롯된 자유에서 벗어나 사회공공선으로 나아가야 한다. 개인주의에서 보편주의로 전환해야 하는 것이다. 이는 자유의 본질을 실현하는 데 있어 지극히 당연한 이치라고 말할 수 있다. 상대적이고 쌍무적雙務的인 관계를 내포한 자유는 단순히 나 혼자만 잘살기 위해 존재하지 않는다. 모두가 잘살게 되는 것을 꿈꾼다. 진정한 자유는 자기 자신의 행복을 추구하기 위해 타인의 자유를 침해하지 않으며, 사회아社會我로서의 자유를 실현하기 위해 자신의 자유를 실현하는 것이다.

지금까지 세계 역사를 살펴보면 네 번의 세계주의가 출현했다. 첫째는 법왕을 위주로 통일된 종교적 사회, 즉 신앙적 전체주의 사회이다. 둘째, 무력으로 권력을 장악하고 백성을 복종시키는 무단적 전체주의가 있다. 로마제국, 칭기즈 칸, 쿠빌라이의 건국 등이 그 예이다. 셋째는 지도자 원리사회이다. 독일의 나치즘과 같이 신의 선택을 받은 나라가 만국萬國을 지도할 의무가 있다는 신념을 가진 지도자 전체주의 사회가 그것이다. 넷째, 소련과 같이 착취자와 피착취자 간 경제 불평등 문제를 중심으로 계급을 분단하여 경제 평등을 이상으로 하는 계급적 전체주의 사회가 그것이다.

다음 올 사회는 이러한 역사적 한계를 극복한 보편적 민주주의 사회일 것이다. 민주주의 사회는 아직 실현되지 않았지만 진정한 국민의 사회라고 확신한다. 민주사회란 자유와 평등, 공영의 기본 원리가 실현되는 행복한 세계이며 개인의 노력이 곧 국민 전체의 복지를 약속할 수 있는 사회이다.

6

자유의 본질

이제까지 자유를 다양한 시각에서 논의했다. 그러나 무엇보다 중요한 것은 자유란 W. 훔볼트Humboldt가 말한 것처럼 찰나적 욕망이 아니라 영원불변의 이성이 사람에게 명하는바 인생의 참다운 목적이며, 모든 사람들이 각자 자신의 능력을 가장 높게 또 가장 조화롭게 발휘하여 전인全人으로 완성되기 위해 노력하는 것이다. 자유의 본체는 합리성에 있다. 이것은 자유의 첫 번째 본질적 성격이다.

자유란 제한에서 해방되어 흩어지는 것이 아니다. 오히려 모든 사리事理에 대해 합리성을 취하는 것이다. 각자 자신의 욕망에 따라 자유롭게 행동하고자 함으로써 분열된다면, 그것은 자유가 아니다. 합리적이지 않은 자의적인 행동은 사회의 단합을 깨뜨릴 뿐이다. 합리성에 기반을 둔 자유는 각자의 주장을 단합시켜 하나로 집중시킬 수 있는 힘을 갖는다. 제멋대로 행동하는 것이 자유가 아니라 전체의 목적을 파괴하지 않고 개인의 힘을 모아 복리를 추구하는 행위이다. 따라서 사리私利를 위해 공공의 이익을 침해하지 않는다. 한자를 희생하더라도 전체의 이익을 위해 노력한다.

칸트가 『도덕형이상학원론』에서 말한 것과 같이 전적으로 선한 의지란 그의 격률이 언제나 보편법칙으로 인정된 자기 자신을 주체 안에 보유할 수 있는 의지를 의미한다. 자유는 모든 이성적 주체의 의지이다. 이성적 주체의 의지는 다만 자유의 이념하에서만 자기 자신의 의지일 수가 있다. 자유는 실천적 견지에서 모든 이성적 주체에게 부여되어야 한다. 이러한 칸트의 생각은 『순수이성비판』에서 말한 이성과 자유의 본질적 관계에서 비롯된다. 그에 의하면 이성은 자유에 의해 가능하며 자유는 이성의 실재 근거이다. 자유는 선 의지의 기반이다.

본래 인간은 이성과 감성이라는 양면을 가지고 있으며, 선하기도 하고 악하기도 한 존재이다. 선함과 악함 둘 중 하나로 인간의 본성을 논하는 것은 잘못된 것이다. 인간의 본성은 선하지도 또 악하지도 않다. 후천적으로 만들어진 선악 개념으로 인간을 재단해서는 안 된다. 이성과 감성이라는 양면성을 동시에 지녔기에 선악 개념이 발생할 수 있었던 것이다.

이와 연관하여 B. 스피노자Spinoza는 의義와 불의不義가 선천적인 것이 아니라 국가 단체 생활에서만 볼 수 있는 것이라고 말한다. 그러나 자연 상태에서는 무엇이든지 옳다. 오직 국가에서 법을 제정하여 거기에 따르면 의라고 하고 거역하면 불의라 부를 뿐이다. 본래적 선, 곧 선천적 선이란 있을 수 없다. 이러한 시각에서 본다면 인간의 본성을 선과 악으로 본질화하는 성선설이나 성악설은 타당한 것이라고 볼 수 없다. 그 어느 쪽도 인간의 본성을 완벽하게 설명해 주지 못한다.

더구나 인간에게는 자아와 객아가 있다. 따라서 나에게 좋고 나쁜 일이 있듯, 타인에게도 좋음과 나쁨이 있을 수 있다. 그것은 선악이 선천적인 것이 아니라, 후천적이고 사회적인 것임을 말해준다. 인간은 본래부터 선하거나 악한 존재가 아니다. 선악이란 좋고 나쁨의 구분에 의해 생겨난 것이라고 말할 수 있다.

인간이라는 존재가 지닌 불가사의한 면을 부정하고 싶지는 않다. 인간은 더 옳은 내가 되기 위해, 더 착한 내가 되기 위해, 더 나은 내가 되기 위해, 더 편안한 내가 되기 위해, 더 잘사는 내가 되기 위해 항상 노력을 아끼지 않는 선천적 의지를 타고났기 때문이다. 이러한 발전하고자 하는 의욕은 칸트가 말한 선善 의지이며, 이는 인간 생활의 진수眞髓이며 전 생명을 이룬다. 이것은 인간의 성격을 존귀한 것으로 만들어주며 전인全人적 인간으로 도야陶冶하고 문화를 발전시키는 원동력이다.

그런데 발전에 대한 인간의 선천적 의욕은 오직 자유를 통해서만 합리적으로 발전할 수 있다는 사실을 간과해서는 안 된다. 자유란, 선 의지를 긍정하고 그 활동을 옹호하고 보장하는, 의지의 수호자다. 이러한 발전적 의욕은 있는 그대로 살기 위한 존재Sein의 상태가 아니라 당위Sollen의 상태에서 비롯된다. 항상 더 나은 곳으로 나아가기 위해 노력하는 것으로서 '있어야 할' 규범적 상태를 추구하는 행위라고 말할 수 있다.

당위Sollen에서 오는 인간의 의지는 구체적으로는 객관적 환경에 순응하고자 하는 마음으로 나타나고 추상적으로는 선 의지로 표현된다. 이 당위Sollen의 의지는 이처럼 이중적이다. 객관적 환경을 초월하고자 하는 근본적 지향성을 지니고 있으면서도 또 한편에서는 모든 외부 환경에 거역하지 않고 순응하는 마음이 있다. 그것은 일종의 모방 의식으로서 인간만 아니라 하등 동물에게서도 엿볼 수 있는 것이다. 이러한 이중성은 인간이 서로 협동하면서 공동생활을 영위할 수 있는 이유라는 점이 중요하다. 사회의 공통선을 만들고 그것을 추구하는 힘 또한 여기에 있다. 자유는 선한 것으로, 옳은 것으로, 편한 것으로 갈 수 있게 인간을 인도하는 인간 고유의 권리이자 능력이다.

둘째, 자유는 인간을 합리성으로 유도한다. 자유는 인간의 올바른 지침으로서의 역할을 하며 또 정의正義를 가능하게 해준다. 자유의 사명은 모든 것을 흩어지게 해 분립分立시키는 것이 아니라, 모든 사람의 자유를 단합시켜 더욱 위대한 것을 만드는 데 있다. 또한 자유는 타인의 권리를 침해하는 부당한 행위를 하지 않는다. 오히려 자유는 사회 정의正義를 실천하는 곳에서 생명력을 발휘한다. 그러므로 자유는 항상 어디서나 보편타당한 길을 걷고자 한다. 인간이 이 일을 하거나 저 일을 하거나 간에 그 가운데는 옳은 것을 위해, 좋은 것을 위해, 편한 것을 위해 노력하도록 만든다. 따라서 자유에는 합리적인 의식이 일관되게 내포되어 있음을 탐지할 수 있다.

그렇기에 자유는 더 나은 것, 더 좋은 것을 위해 행동하게 하는 긍정적 힘이다. 자유는 이러한 긍정적 의욕으로 일관되어 있다. 언제나 옳은 것을 위해 노력하도록 우리를 이끌어간다. 따라서 자유는 더 나은 것을 추구하는 인간의 권리다. 거기에 다른 여지는 없다. 옳지 못한 일도 할 수 있다는 자의적 권한은 발을 붙일 수 없다. 그것은 자유가 아니라 스스로를 죽이는 일이다.

자유란 메피스토펠레스로 상징되는 악과 파괴를 뜻하는 것이 아니라 파우스트적인 건설을 의미한다. 만일 우리에게 생명을 지닌 행복한 삶을 추구하는 자유와 고통과 죽음, 파괴만이 존재하는 자유 중 하나를 고르라고 한다면 무엇을 택할 것인가. 스스로를 멸망하게 하는 자유를 선택할 사람은 없다. 자유의 본질은 건설에 있다. 인간은 선 의지를 품고자 하며 본능적으로 그리고 사회적으로 선한 삶을 추구하려 한다. 메피스토펠레스와 같이 타인의 죽음과 고통을 즐거워하지 않는다. 그것은 인간에게 건설적이고 합리적인 자유에 대한 본성이 있기 때문이다.

인간에게는 자기도 모르게 굶주린 이에게 먹을 것을 주려는 마음, 죽어가는 사람을 불쌍히 여기는 마음이 있다. 그것은 인간이 선 의지로서의 자유를 가지고 있다는 것을 말해준다. 자유의 깊은 곳에는 나와 다른 사람들이 함께 잘살기를 바라는 마음이 있다. 인간은 끊임없이 발전하고 있는 것이다. 문화와 사회가 체계화되고 향상되는 것은 모두 자유라는 인간의 덕성 때문이다. 인간의 자유란 모든 것을 합리적으로 생각하게 하고 또 합리적으로 행동하도록 만드는 힘이다.

칸트가 말하지 않았는가. 자유만이 인간이 도덕생활을 할 수 있게 만드는 조건이다. 자유는 인간을 합리적이고 타당한 길로 인도해주는 등불과 같다.

그런데 이처럼 자유가 모든 일에 대해 타당하고 합리적인 길을 가르쳐준다는 것은 무엇을 의미하는가. 그것은 자유가 인간이 정립한 도덕 법칙의 근원이라는 뜻이다. 인간은 자유가 있기 때문에 권선징악을 믿고, 선을 예찬하고 악을 버린다. 도덕사상은 오로지 자유로부터 태생한다. 그렇게 될 수 있는 것은 자유가 시대적으로 구성된 절대 보편타당한 삶을 인간에게 요구하기 때문이다. 다시 말해 자유는 여러 가능한 진리가 아니라 모든 것의 진리, 즉 인간 진리의 실현을 강요한다. 자유가 발전의 모태이자 문화 건설의 기반이라고 하는 것은 바로 그 때문이다. 자유는 진리의 나침반이다.

셋째, 자유는 발전의 원동력이다. 자유는 이성과 감성을 적절하게 조정함으로서 인간으로 하여금 가장 합리적이고 보편타당한 길을 가도록 이끌어준다. 발전이란 이원적인 갈등 속에서 투쟁하면서 나아가는 행위로서 건설적 변동을 의미한다. 헤라클레이토스가 투쟁은 발전의 어머니라고 말했다. 그러나 중요한 것은 이러한 발전이 인간의 선 의지를 전제로 한 것이라는 점이다.

발전이란 절대적인 개념이 아니라 지극히 상대적인 개념이다. 같음과 다름이라는 이원적인 세계에서 발아되는 어떤 것이다. 따라서 발전이란 있는 그대로의 것이 아니라 건설적인 방향으로 끊임없이 변화해 가는 것이다. 형태Eidos와 질료Hule, 내용과 형식 모두에 변동하고 더 나은 방향으로 나아가는 상태이다.

이러한 발전이 저절로 이루어지는 것은 아니다. 그것은 절실한 인간의 노력에 의해 이루어진다. 아무런 노력 없이 이루어지지 않는다. 특정한 주체에게만 책임을 지우는 편향된 상태에서는 이루어지지 않기 때문이다. 책임의 주체와 객체가 고정되지 않고 둘 사이에서 움직일 수 있는 대립적이고 투쟁적인 상태에서만 발전은 성립될 수 있다. 그렇기 때문에 발전은 존재의 차원이 아니라 당위의 차원에 존재한다고 말할 수 있다. 있는 그대로의 상태를 부정하고 마땅히 있어야만 하는 당위의 삶을 목적할 때에만 건설이 가능해질 수 있다. 주체와 객체 사이에서 상호작용하며 다른 무엇을 생성시키고자 하는 것, 그것이 곧 발전이다.

발전은 절대아絶對我와 보편아普遍我 사이의 역동적인 지양을 통해 이루어진다. 테제(정)와 안티테제(반)가 변증함으로써 얻어지는 종합이라고 말할 수 있다. 여기서 간과할 수 없는 것이 바로 테제와 안티테제 사이의 대립적 관계이다. 이러한 대립 상태에 대한 지양이 없다면 자유는 발전이라는 과정을 만들어낼 수 없다. 대립 없는 지양은 또 하나의 편견이나 독단에 머물고 말 것이다. 인간과 대상, 주체와 객체가 대립하고 갈등하는 이 세계 자체가 자유의 무대이자 인간의 삶이라고 말할 수 있다.

이것이 함의하는 바는 상당히 역설적이다. 자유는 억제가 없는 곳에서는 존재할 수 없다. 타율적인 제한이 존재하는 곳에 자유가 있다. 제한이 없다는 것은 자유의 본질이 될 수 없다. 억제가 없는 삶은 어떤 변화의 필요성도 요구되지 않을 것이다. 저항이 없는 삶에서 자유를 기대할 수는 없다. 만일 모든 억제가 사라진 세계가 존재한다면 그것은 천상에서나 가능하리라. 혹은 유심론자唯心論者들이 상상하는 실존계에나 제한 없는 자유가 있을 수 있다. 우리가 현재 살고 있는 현상계에는 인간을 지배하는 자연율이 엄연하게 존재하고 있으며, 이러한 제지制止에 대립하는 것이 자유다. 이러한 자유가 성립되고 존속되는 한 발전도 존재할 것이다.

투쟁이 발전의 어머니라면, 자유는 투쟁의 어머니다. 이러한 자유의 원리가 비단 인간에게만 해당되는 것일까. 자유는 인간의 삶뿐만 아니라 만물이 변전하고 발전해가는 원리가 아닌가. 모든 사리事理가 발전하기 위해서는 대립과 이로부터 발생하는 자유의지가 필요하다. 자유는 이 우주 생성의 보편적 법칙이자 토대라고 말할 수 있다.

7
민주주의와 자유·평등·공영론

제1절

민주주의의 본질적 고찰

민주주의란 현대인이 만든 말은 아니다. 민주주의를 뜻하는 영어 Democracy라는 말은 그리스어 Demos Krates(인민 전체의 정치)에서 유래한다. 어원은 Demos(국민)와 Krates(지배)이다. 그리스 시대에 민주주의는 일부 소수 지배자 또는 왕정이나 귀족에 의해 다수가 지배를 받는 민중정치를 의미한다. 고대 그리스 민주주의의 출현은 솔론Solon의 개혁에 의해 귀족정치가 민주정으로 전환되고 그 후 다시 클레이스테네스Kleithenes의 개혁으로 본 궤도에 오른다. 그리스 문화의 전성기인 페리클레스Pericles 시대에는 이미 민주정의 이상적 상태가 이뤄졌다. 도시국가 아테네Athene에서는 솔론Solon 시대부터 국민회의Eklesia를 통해 전 시민이 자유로이 정치에 참여할 수 있게 되었다.

그러나 그리스의 민주주의Demos Krates와 현대의 민주주의Democracy는 그 내용에 있어서 다소의 차이가 있다. 고대 그리스 민주정은 전 국민이 직접 하나의 회당에 모여 정치에 참여한 데 비하여 현대 민주정은 국가가 대규모적이므로 국민들이 선거하여 자기네들의 대표를 의사당에 파견하는 대의정치를 펼친다. 그 대상은 외국인과 노예를 제외한 일부 시민계급이다. 이에 비하여 현대 민주주의는 그 나라의 국적을 향유하고 있는 이상은 누구에게나 평등한 권리를 부여하여 전 국민을 정치의 대상으로 한다. 그러므로 그리스 민주주의는 시민계급에게만 해당되는 것으로 많은 하류계급(농노)에게는 오히려 민주정이 독재처럼 여겨졌다. 솔론의 민주 개혁 역시 결국은 시민계급으로 분류되지 않는 하류계급의 권익을 보장한 것은 아니었다. 극소수의 사람들만 가지고 있었던 주권을 탈취하여 일부 시민에게 양도한 것에 불과했다.

진실로 민주 정치란 평등사상을 떠나서는 생각할 수 없다. 만약 평등 없는 민주주의가 가능하다면 그것은 진정한 의미의 민주주의는 아닐 것이다. 그리스의 민주정과 같이 일부 계급에게만 주권이 부여되는 상태로 민주주의적이라고 말할 수는 없다. 자유는 물론 평등이 결여되어도 민주사회라 부를 수 없다. 그것은 전횡사회이다. 민주주의는 자유와 평등 없이는 불가능하다.

그러나 자유와 평등만으로도 완전한 민주사회를 건설할 수는 없다. 말하자면 자유는 인간의 행복권이며 평등은 이러한 자격을 얻을 수 있는 권리라고 할 수 있다. 이것들은 모두 개인의 행복권 추구와 관련된다. 민주사회는 이러한 개인의 이익을 공동의 번영이라는 비전으로 모을 수 있을 때 이룩된다. 함께 공동으로 번영한다는 사회의 비전이 필요하다. 이는 다른 말로 표현하면 국민의 재산권이라고 말할 수 있다.

이렇게 보면 발전과 행복을 추구하고 획득할 수 있는 자유권, 동일한 자격을 부여하는 평등권 그리고 마지막으로 함께 일하고 함께 잘살 수 있는 동로同勞 공영권, 이 세 가지가 민주사회를 이루는 3대 조건이라고 말할 수 있다.

민주사회에서 공영권은 왜 중요한가. 공영권이 없는 사회를 상상해보자. 특히 자본주의 사회를 가정해보자. 이익을 추구하기 위해 필요한 자유와 평등이 보장되어 있지만 공영이 실현되지 않는다면 사람들은 어떻게 행동하게 될까. 자기 자신의 이익과 권리만을 옹호하고 유지하기 위해 일생을 살아갈 것이며, 또 이렇게 구성된 기득권으로 일하지 않고도 부유하게 살아가는 사람들이 생겨날 것이다. 어떤 사람은 심혈을 기울여 노력해도 소유하기 어려운 부가 어떤 사람에게는 너무도 쉽게 부여되는 사회가 과연 민주적이라고 말할 수 있을까. 자유와 평등 뿐 아니라 다 함께 번영하는 민주적 공영권이 필요하다. 기실 흔히들 생각하는 것처럼 경제적 평등만을 진정한 민주주의라고 말할 수는 없다. 진정한 민주주의 사회로 나아가기 위해서는 공동 번영을 위한 제도가 마련되어야 한다. 고대 민주사회에서는 평등이 없는 자유를 부르짖지만, 근대의 민주주의 사회에서는 자유와 평등만으로는 부족하다. 특정 개인이나 집단의 경제 평등만 해결된다고 해서 민주화되는 것은 아니다. 평등이 없는 곳에 진정한 자유가 있을 수 없는 것처럼 공영 없는 곳에 진정한 자유와 평등이 있을 수 없다.

혹자는 경제적 민주화와 정치적 민주화의 절충을 민주주의라고 생각하기도 한다. 그러나 이는 극히 우매한 소견일 뿐이다. 이 두 개의 민주화는 인간사회의 복리福利를 실현하고자 한다는 것을 제외하면 출발점과 목적지가 이처럼 다르다. 단순하게 말해 경제적 민주주의가 유물사관唯物史觀에서 출발해 경제 민주화로 나아간다면, 정치적 민주주의는 관념적인 이념에서부터 출발해 인격 완성과 가치 구현이라는 도의에 도달한다. 정치적 민주주의도 경제적 민주주의도 자신들의 입장을 벗어나 입체적으로 사유하지 못한다. 평면적인 입장에서 각자 자신들의 주장을 고집한다. 그러므로 이 둘을 적당히 절충하는 것만으로는 진정한 민주주의라 할 수 없다.

그 점에서 공영이라는 관점이 무엇보다 중요한 것이다. 진정한 민주주의란 공영에 입각해 자유와 평등을 구현해야 한다. 자유와 평등, 공영이라는 세 가지 사상 모두가 개혁되기 전에는 경제적 민주주의도 정치적 민주주의도 완전한 민주주의를 실현할 수 없다. 공영이라는 과제를 수행하지 않는 한 경제적 민주주의에서는 노동계급의 독재를 막을 수 없고 정치적 민주주의에서는 자본주의의 폐해를 막을 수 없다. 그러므로 각각의 주장이 지닌 자가당착을 버리지 않고 민주주의적으로 사회를 개혁한다는 것은 불가능하다. 경제적 민주주의와 정치적 민주주의가 상극相剋함으로써 기형적인 결과만 초래할 뿐이다.

이 문제에 대해 민주주의 이론가들은 어떻게 생각했을까. 우선 링컨은 민주주의를 '국민의, 국민에 의한, 국민을 위한 정치'라고 말했다. '국민의'라는 말은 국민의 주권이어야 한다는 뜻이며, '국민에 의한'이란 말은 통치자가 국민에 의해 선출되어야 한다는 것이고, '국민을 위한'이라는 말은 국민의 복리福利를 위한 정치라는 의미이다. 이러한 정의는 실제로 정치적 민주주의의 전형적 사상이다. 비록 추상적이라고는 하나 민주주의의 본질을 이보다 더 명확하게 표현할 수는 없으리라. 민주주의란 소수가 아닌 다수를 위한 정치이며 법 아래 모든 국민이 평등하다. 미국 독립선언문을 쓴 토머스 제퍼슨도 '민주주의란 행복의 추구가 자유롭고 또 국민의 권리가 보장되어 있음은 물론, 정부 자체가 국민들에 의하여 개발될 수 있는' 정치체제라고 말한다. 후버Huber는 『자유에 대한 도전』에서 민주주의란 단순히 정치제도만을 의미하는 것이 아니라 자유의 정신을 의미한다고 말한다. 한편으로는 자유롭게 믿고 생각하고 말할 수 있고 또 한편으로는 자유롭게 노동하면서 살고 노동으로 얻은 것을 자유롭게 쓸 수 있는 상태, 그리고 이러한 제 권리를 보장하는 것이 곧 민주주의라는 것이다.

이러한 생각들은 대체로 자유방임적 경제를 인정한 자본주의적 민주주의에서 가장 잘 나타난다. 그 배후에는 당시 사회의 폐단이 자리하고 있다. 봉건사회에서는 국민 모두의 자유가 보장된 것이 아니라 특정 계급이나 왕족의 자유만이 허용되고 있었던 것이다. 이 때문에 근대 초기 다수 국민의 자유를 쟁탈하기 위해 특권계급의 권력에 저항하지 않을 수 없었다. 영국의 마그나 카르타와 권리청원, 권리장전 등이 대표적인 자유 쟁탈 운동이라고 말할 수 있다. 이 운동들은 근대 민주주의 역사에서 종교개혁과 프랑스 혁명을 발화시켰다는 점에서 중요한 의미를 부여할 수 있다. 1917년의 구소련의 10월 혁명도 빼놓을 수 없다. 그러나 10월 혁명은 명확한 한계를 가지고 있었으니, 혁명의 지향성이 국민 전체의 공영에 있는 것이 아니라 노농계급이라는 특정 계급의 공영에만 한정하고 있기 때문이다. 이는 결국 무산자 독재를 야기하는 결과를 초래하고 마는데, 특권계급에 대한 저항이 무산자만을 옹호하는 반동적 형태로 구현된 것이다.

평등에 대한 당시 민주주의 이론은 어떠했을까. 자유와 더불어 민주주의 구성의 필요불가결한 요소인 평등에 대해 근대 초기 이론들은 일정한 한계를 드러내고 있다. 모든 평등을 주장하기보다 인격의 평등이라는 관념적 평등을 주장한 것이다. 예를 들어 로크는 권리 의무의 평등을 역설했는데, 그는 인간이란 본래 백지로 출발한다고 생각했으며 날 때부터 평등한 인격을 타고난다고 주장했다. 벤담 역시 '최대 다수의 행복을 도모하려면 모든 사람을 한 사람 이상으로 계산해서는 안 된다'는 평등론을 주창한다.

근대 초기 평등사상에 대해 비판적 시각 또한 없지 않다. 물론 그리스 민주주의처럼 평등사상을 결여한다면 민주주의는 특정 계급의 우월을 제거하지 못하는 계급적 민주주의에 그치고, 진정한 민주주의의 본의는 희박해지고 만다. 초기 평등사상에서 제기하는 것처럼 평등 개념을 기계적으로 이해하는 것은 많은 한계를 드러낼 수밖에 없다. 루소는 이 때문에 순수한 민주주의가 존재할 수 없다고 비판했다. 그는 '다수'라는 개념이 오히려 자유를 침해한다고 주장했다. 다수의 생각이 소수의 생각을 압박하고 이단시할 수 있는 근거를 제공하기 때문이다. 다수라고 해서 모두 옳은 것은 아니라는 것이다. 이러한 루소의 생각은 민주주의라는 이름하에 민주주의의 본의가 곡해되는 상황을 비판하고 있다는 점에서 일정한 의미를 부여할 수 있다.

그런데 루소가 생각한 '다수'는 다수 개념에 대한 오인에서 비롯됐다. 그는 민주 주권의 참뜻을 놓치고 있는 것이다. 민주주의에서 말하는 다수란 다수의 독재를 의미하는 것이 아니다. 민주주권의 본질은 전제주권과는 그 내용이 상위하다. 취지와 의미가 매우 다르다. 전제주권이 전횡사회의 지상권至上權, 즉 강압의 주권이라면 민주주권은 1인이나 소수 몇몇 사람의 주권이 아니고 건실한 발전을 원하는 사람들은 누구나 주권 구성의 한 요소가 된다. 주권을 발동함에 있어 당당한 발언자로서 일역을 담당한다. 그렇기 때문에 민주주권은 전횡과 억압의 전제주권과 같을 수 없다. 민주주권은 전 국민의 이익을 옹호하고 보장하는 힘이며 주권 자체가 국민을 떠나 존재할 수 없다. 루소가 다수에 대한 개념을 비판할 때 간과한 부분이 바로 이것이다. 본래적 의미에서 민주주의는 결코 다수의 횡포를 옹호한 바 없다.

주권이란 개념 또한 많은 오해가 있다. 민주주의에서 주권은 한마디로 말해 국민에게서 나오는 힘이다. 사실 주권이 뜻하는 바는 국가의 통치력이다. 주권이 최고 권력이라고 말하는 것은 그것의 특질을 표현하기 위한 것이다. 비교 불가능한 불가침적 권력이 주권이라는 뜻이다. 처음 주권이라는 말을 쓴 보댕은 이 말을 유일하고 불가분의 힘을 부르기 위해 사용했다. 주권이란 절대 권력자(황제, 로마교황) 자체를 의미하는 것이 아니라 국가 권력의 특질을 의미하는 것이다. 그러므로 정치체제에 따라 주권의 내용은 달라질 수 있다. 말하자면 전제주권과 민주주권은 그 내용이 판이하다. 전제사회에서는 최고 권력자가 곧 주권이다. 군주신권설에서 그런 것처럼 최고 통치자인 군주는 신과 같은 권력을 부여받는다. 프랑스의 루이 14세가 한 유명한 말, '내가 곧 국가다'라는 말이 이러한 전제주권을 가장 잘 표현했다고 할 수 있다. 절대자가 곧 주권인 것이다. 따라서 절대의 전횡과 폭행이 가능했던 것이다. 민주주권은 이와 반대이다. 최고 통치자인 대통령이 곧 주권이라고 말할 수 없다. 주권 발동의 대리 집행자일 뿐이다.

따라서 주권의 본질을 분명하게 밝히지 않고 민주주의를 제대로 이해하는 것은 불가능하다. 민주주의에서 말하는 주권이란 국민에게 있음을 잊어서는 안 된다. 민주주의의 민주란 국민 모두가 주인이 된다는 의미이다. 이는 결코 대다수의 국민이 주인이 되어 소수의 사람을 억압한다는 뜻이 될 수 없다. 국민이 주인이라는 것은 국민 모두가 자신의 이익을 위해 사회 의무를 충실히 감당한다는 의미로 해석되어야 한다.

이러한 의미를 보다 투명하게 정립해보자. 민주의 본뜻은 국민의 권리와 자유를 의무화하여 공공선을 실현한다는 것이다. 이를 구체적으로 설명하면 각 국민이 자신의 본능과 욕망을 타협하여 가장 합리적인 방법으로 국민의 최대 행복을 최대한으로 달성하는 방법의 한 체계라고 말할 수 있다. 그러므로 민주란 곧 일반 국민 전부를 지칭하는 것이지, 결코 특권자나 재벌들을 국민이라고 부를 수 없다. 국민 전체를 위해 전체 국민의 의사로 국민의 대표자가 공복公僕이 되어 일하는 것이 민주의 기본 이념이다.

그것은 민주주권의 원칙을 구현하는 방법만 살펴봐도 분명하게 알 수 있는 부분이다. 민주주권을 정립하는 데는 크게 3가지 원칙이 필요하다. 첫째, 주권이 모든 국민들에 의해 개발될 수 있는 권한이 있어야 한다. 둘째, 주권 발동의 효과가 전 국민들의 복리福利를 위한 소치여야 한다. 셋째, 국가 운영 자체도 국민들이 선출한 대표자들에 의해 움직여야 한다. 그리고 이렇게 정립된 주권을 실현하기 위해서는 다음과 같은 3가지 방법이 요구된다. 첫째, 법치제도 (입헌정치)가 수립되어야 한다. 이를 기반으로 권력의 분립이 이루어져야 한다. 둘째, 이 모든 것은 자유, 평등, 공영의 3대 원칙을 기초로 성립되어야만 한다. 셋째, 분치제도分治制度에 의해 중앙집권적인 권력집중제도를 개수改修해야 한다. 전 국민에게 기회 균등제를 적용시켜 진정한 평등 구현에 이바지해야 한다.

이와 같은 국민 주권, 국민 정치, 국민 집행이라는 세 가지 방법일 구현될 때 민주주의 3대 요건의 성립이 가능하다. 민주주권의 발동은 자유·평등·공영 사상을 중핵으로 하며 입헌정치, 분치제도 등의 구현을 통해 진정한 민주주의를 발현하게 된다. 그러므로 민주주의란 항상 일부가 아닌 국민 전체의 입장에 입각한 보편타당성을 희구希求하고 이를 따르고자 노력한다.

이렇게 볼 때 민주주의란 헤겔이 생각한 것처럼 절대적이고 일원적인 것이 아니다. 상대적이고 다원적인 것이다. 일부 국민의 진리가 아닌 국민 전체의 진리 현현顯現을 위해 노력한다. 플라톤이 말했던 '민주주의란 다수자의 정치'라는 것은 바로 이러한 맥락에서 이해되어야 한다. 민주주의란 한 시대를 풍미하고 사라질 어떤 정치체가 아니라 진리의 영원한 구현체라는 것을 잊어서는 안 된다. 방법적 변천이 존재한다고 해서 민주주의 정체의 본의가 달라지는 것은 아니다.

제2절

자주와 자치의 의미

'민주'라는 말을 제대로 이해하기 위해서는 '자주'와 '자치'의 개념을 정확하게 이해해야 한다. 자주와 자치는 민주주의의 본질을 설명해주는 가장 중요한 핵심이다. 자주의 의미는 본래 어떤 객체에 대해 주체가 주인이 되는 것이다. 객체에 대한 소유권과 행사권은 주체인 '나'에게 소속되어 있다. 그러므로 모든 지배권이 '나'의 권한 하에 예속되어 있다. 내가 곧 주인인 것이다. 이러한 생각은 나라는 개인을 절대적인 존재로 전제한다. 이는 나 이외의 모든 존재를 내 가치판단의 '대상'으로 간주하는 것이라고 말할 수 있다. 그만큼 자주라는 개념은 개인 본위적인 사상에 입각하는 말로써, 개인의 완성이 전체의 향상과 발전의 기초라고 생각한다. 즉, 전체의 발전이란 개체의 향상을 떠나고서는 성립될 수 없다. 개인의 발전이 없는 전체의 발전은 아무런 의미도 없다. 개인의 복락福樂이 곧 사회의 복락이다.

이처럼 자주란 개체 자신을 가치판단의 절대적인 주체로 생각한다. 이러한 생각이 발전하면 개인주의로 흐르고, 나아가 더 심하게는 개인 향락주의로 흘러들 수 있다. 근대 초기 개인주의가 자유방임주의로부터 발생하고 이것이 중상주의 시대의 생존 경쟁을 걸쳐 자본주의 사상에로 전환해 왔다고 볼 수 있다.

한편 '자치'라는 개념은 자주와 달리 '내'가 주인이 되는 것이 아니라 '우리'가 주인이 된다는 뜻을 내포한다. 개인주의 사상에서 말하는 '나'의 자리에 '우리'라는 존재가 들어온다. 또한 자주가 권리를 의미하는 것이라면 자치는 의무를 포함하는 말이다. 자치는 내가 주인이 되는 것이 아니라 우리가 주인이 되며, 나 혼자만을 본위로 하는 것이 아니라 우리들 여러 사람의 입장을 본위로 한다. 개체 본위인 자주와 달리 자치는 나도 여러 사람들과 마찬가지로 주인임을 긍정한다. 자치가 자주에 비해 좀 더 사회적이며 민주적이라고 볼 수 있는 이유가 여기에 있다.

나만이 주인이며 나만이 절대라고 하는 세계는 경쟁의 세계요, 약육강식의 세계이지만 우리 모두가 주인이라는 세계는 상호부조의 세계요 민주의 세계다. 따라서 자주가 권리를 주장할 때 자치는 의무를 존숭한다. 권리를 주장함으로써 자주는 필연적으로 권력다툼을 동반한다. 자아와 타아他我 간의 권력 쟁탈전을 통해 상호 억압하려 한다. 반면 자치는 각자 의무를 충실하게 이행할 것을 요구함으로써 공영을 도모한다. 진정한 의미의 민주주의란 바로 이러한 자치를 기반으로 한다. 개인 본위의 자주가 아니라 개인의 전체, 즉 국민들이 모인 전체를 본위로 하는 자치가 더 민주주의적이라고 말할 수 있는 것이다. 그것은 민주의 원의미가 각 사회 구성원 하나하나를 말함이 아니고 사회 구성원의 전부를 의미하는 것이기 때문이다. 자치를 기반으로 한다는 점에서 민주주의는 사회주의, 국가주의, 전체주의와 구별된다. 사회주의, 국가주의는 사회 구성원이 아닌, 사회조직이라는 전체를 본위로 하지만 민주주의는 사회 전체가 아니라 사회 '구성원' 전체를 의미한다. 민주란 개인만이 전부인 정체가 아니라 사회만이 전부라고 생각하는 사회주의도 아니다. 민주는 사회 구성원 전체가 중심이 되는 그런 정체를 의미한다.

그러므로 민주주의는 특정한 계급에게 특권을 부여하지 않는다. 일부에게만 지배권을 양도하지 않는다. 특수집단의 특권을 인정하지도 않는다. 특정한 누군가의 이익과 진리를 추종하는 것을 거부한다. 민주주의는 일반적인 보편주의의 진리를 따르고자 한다. 민주의 대상은 국민 전체이다.

제3절

자유·평등·공영론

인간은 고통이 있으므로 행복을 느낀다. 결핍이 없다면 욕망 또한 존재한다. 마찬가지로 구속과 압제가 존재하므로 자유의 가치는 존귀하다. 그리스, 로마 시대부터 특권계급의 철쇄는 농노계급과 같은 피지배계급에게 절망의 근원이었으며 이러한 절망이 있었기에 자유사상이 발전할 수 있었다. 물론 자유사상의 발달 시기는 각 국가마다 다르다. 영국에서는 1215년 마그나 카르타가 최초의 자유에 대한 도전이었다고 말할 수 있다. 르네상스, 문예부흥, 종교개혁이 자유사상의 발전에 끼친 영향 또한 심대하다. 이러한 수많은 변혁의 움직임들은 역사 속에 잠재되어 있다가 프랑스 혁명과 미국 독립운동에서 그 꽃을 피운다.

그러나 모든 자유사상의 내용이 같을 수는 없었다. 영국의 자유 혁명은 자유 쟁탈을 목적으로 하며, 그 주체가 왕권에 대항하는 귀족계급과 종교집단에서 점차 일반 시민으로 발전해 간다. 프랑스 혁명은 자유보다는 평등을 쟁취하기 위한 혁명이었다고 말할 수 있다. 또 미국 독립전쟁에 의한 혁명은 앞의 두 가지 혁명, 즉 자유 혁명과 평등 혁명을 결합한 것이라고 볼 수 있다. 또

넓게 보아 모두 민주주의 혁명이라고 말할 수 있는데, 그 기본 성격은 자유와 평등을 추구했다는 점에서 정치적 민주주의라고 말할 수 있다. 향후 이러한 정치적 민주주의는 자유방임적 중상주의 시대를 거쳐 자연스럽게 자본주의로 발전해갔다.

이러한 혁명의 여파 속에서 자연스럽게 피지배계급의 지배계급에 대한 저항이 대두된다. 인간사회의 본질은 물질에 의하여 움직여지고 있다는 유물사관적 견지에서부터 경제 평등을 주장하는 혁명사상이 배태된다. 평등이 없다면 인간의 행복 또한 있을 수 없다고 역설한다. 소위 평등 혁명이라고 부를 수 있는 이것은 10월 혁명이 대표적이다. 그러나 이러한 혁명의 결과는 노동계급의 독재사회로 변질되어버려 그 의미 자체가 퇴색되고 말았다. 자본가와 권력가의 착취를 부정하지만 정작 새로운 노동계급이 지배계급으로 권력화하고 말았던 것이다. 이는 진정한 의미의 혁명이라기보다 반동적 혁명이라고 말할 수 있다. 물질적 평등만을 주장하는 것은 전인적 인간이라는 민주주의의 기본 취지와 이긋난다. 그것은 인간을 먹고사는 일에만 얽매이는 존재로 폄훼할 수 있다.

자유와 평등 어느 하나만을 추구하는 혁명은 실패할 수밖에 없다. 그러므로 앞으로의 혁명은 공영을 위한 진정한 민주 혁명으로 나아가지 않으면 안 된다. 공영은 자유과 평등을 기반으로 하되 우리 모두 다 함께 번영할 수 있는 민주주의를 추구하고 실천하는 것을 의미한다.

이렇듯 마르크스주의의 구체적 실천이라고 할 수 있는 10월 혁명은 전형적인 경제적 민주주의의 한 사례일 것이다. 그러나 이 혁명 역시 한계가 있다. 모두 함께 노동하고 공영을 꾀한다는 경제평등 사상을 표방하지만 실질적인 주체를 무산자계급으로 한정하고 있기 때문이다. 이러한 주체의 제한은 경제 평등을 무산자 독재로 변질시키는 결과를 초래하고 만다.

이것은 무엇을 말해주는가. 인간에게는 경제 문제가 극히 중요하다. 그러나 경제는 존재의 목적이 될 수 없다. '존재'의 조건이자 수단일 수는 있으나 목적 자체는 될 수 없다. 존재의 목적을 달성하기 위해 반드시 필요하나 그 자체로 신성한 가치는 될 수 없다. 가령 인간은 먹기 위해 살지 않는다. 인간의 목적은 더 나은 삶을 추구하는 데 있다. 더 낫게, 더 좋게 살기 위해 경제를 필요로 할 뿐, 그 자체가 목적이 될 수는 없다. 만일 경제만을 추구한다면 인간은 동물과 다를 바 없다. 경제 평등만을 내세운 혁명은 진정한 혁명은 될 수 없다.

또한 혁명의 주체와 목적은 하나일 수 없다. 예를 들어 10월 혁명의 주체는 프롤레타리아 계급이다. 10월 혁명은 오로지 경제평등주의만을 내세우며, 모두가 다 함께 사는 세상이 아닌 프롤레타리아가 주인이 되는 세상을 기획한다. 그렇기에 자유와 평등 그리고 공영이 고르게 결합한 진정한 혁명에 도달하지 못한다.

자유와 평등, 공영이 함께하는 혁명은 과연 불가능한 것일까. 많은 사람들이 자유와 평등은 양립할 수 없다고 생각한다. 괴테도 자유와 평등을 동시에 주려고 하는 자는 몽상가가 아니면 작가라고 말한 바 있다. 자유와 평등이 양립할 수 없다는 뜻이리라. 래스키 역시 자유와 평등은 무의식적으로 대립하며 양립적인 병존이 불가능하다고 말한다. 물론 이 말들은 일정한 의미를 지닌다. 그러나 자유가 실현되기 위해서는 평등이라는 토대가 필요하다. 평등하지 않다면 자유 또한 존재할 수 없다. 평등한 기반 위에서가 아니면 자유는 불가능하다. 특권자와 그 반대급부로서 평민이 배치되는 세계에서는 그 권력적 차이로 인해 자유의 본래적 의미가 실현될 수 없다. 진정한 의미의 민주주의를 실천하기 위해서는 자유, 평등, 공영 중 어느 한 가지도 제거되어서는 안 되는 것이다.

역사 속에서 불평등한 자유가 실현된 예는 찾을 수 있을지도 모른다. 가령 많은 사람들이 예로 드는 고대 그리스 시대의 민주주의는 평등이 없는 자유를 실현했다고 생각할 수도 있다. 그러나 과연 그것을 진정한 민주주의라고 말할 수 있을까. 자유와 평등, 그리고 공영의 이념을 구현할 수 없는, 평등 없는 자유란 형식적인 민주주의일 뿐이다. 평등하지 않지만 자유로운 민주주의란 실질實質 없는 민주주의에 불과하다. 물론 이 말은 공영이라는 경제 평등 이념만을 중시해야 한다는 것으로 오인되어서도 안 될 것이다. 경제적 평등만 존재하는 세상은 진정으로 값진 인간다운 삶을 이야기할 수 없기 때문이다. 자유, 평등, 공영 이 셋이 다 함께 실천될 때 비로소 민주주의에 도달할 수 있다. 진정한 민주주의란 공영사상을 기초로 하여 자유, 평등을 실천하지 않으면 안 된다.

지금까지 진정한 민주주의의 기초가 체계화되어 성립된 길은 아직 한 번도 없었다. 정치적 민주주의, 경제적 민주주의를 주창했으나 그 어느 것도 완전한 민주주의의 실현이라고는 말할 수 없었다. 그것은 반쪽의 진실만을 이야기하는 민주주의일 것이다. 자유, 평등, 공영이 하나로 어우러진 진정한 의미의 보편적 민주주의를 향한 길은 여전히 멀고 험하다. 보편적 민주주의를 향한 제3의 혁신이 도래하지 않으면 안 되는 이유가 바로 여기에 있다.

보편적 민주주의에 대해서는 다시 집필할 기회가 있으리라 생각하며 이 글을 마친다.

해제

민주주의와 자유의 본질에 대한 성찰

『민주주의 자유론』은 조영식 박사의 첫 번째 저서로서 그의 사상의 원형이 담겨 있다는 점에서 큰 의미를 지닌다. 해방공간이라는 혼란스러운 정국에서 민주주의의 참뜻을 논의한 몇 되지 않는 저작 중 하나이다. 이 책이 출간됐을 당시, 언론에서는 "현하사상계現下思想界의 혈청제血淸劑가 되기에 넉넉한 이 양서良書가 왜 삼년전三年前에 나오지 안했든가"(『동아일보』, 1948년 12월 26일)라고 평하기도 했다. 그것은 아마도 이 책의 균형 잡힌 정체론政體論 때문이었을 것으로 판단된다. 또한 이 책은 그의 사상사思想史에서도 중요한 의미를 지닌다. 이 책은 『문화세계의 창조』의 모태이자 출발점이기 때문이다.

광복 후 모든 사람들이 원했던 것은 조국 재건이었다. 그러나 그것을 어떻게 이룩할 것인가에 대한 실천에 있어서는 이념적 차이와 대립이 끊이지 않았다. 정치적 민주와 경제적 민주에 대한 양자택일적인 사고가 만연했다. 조영식 박사는 이러한 흑백논리를 뛰어넘고자 했다. 그가 택한 방법은 '자유·평등·공영'이라고 하는 민주주의의 근본이자 본질에 대한 학문적 천착이었다. 그는 민주주의 진정한 실현이란 자유와 평등 어느 하나의 문제가 아니라고 생각했다. 자유와 평등 개념이 인류 전체가 함께 번영하는 '공영共榮'이라는 대의大義 속에 녹아들지 않는다면 무의미하다는 것이 그의 주장이다. 이러한 시각 속에서 조영식 박사는 진정한 의미의 자유란 무엇인가를 고민하고 이를 체계적으로 정립하기 위해 노력했다. 그리고 그 첫 번째 결실이 『민주주의 자유론』이다.

조영식 박사가 생각하는 자유란, 책 제목에서 알 수 있듯이, 그것은 민주주의 정체 속에서의 자유이다. 그는 자유가 인간의 본질이며 자유 없이는 인간이라는 존재는 하등 동물과 다를 바 없다고 단언한다. 때문에 인류 역사 자체가 이러한 자유의 쟁취를 위한 것이었다고도 말한다. 자유가 없는 삶을 상상하는 것은 그 자신이 인간이기를 포기하는 것과 같다. 그러나 자유라고 해서 모두 같지 않다는 것이 그의 생각이었다. 무한한 자유만이 진정한 것이라고 생각하는 것은 옳지 않으며, 자유에는 분명한 제한이 필요하며 그것은 외부에서 타율적으로 강제되는 제한이어서는 안 된다. 자유롭지만 자발적으로 자유롭지 않아야 한다고 하는 자유의 역설을 이야기했던 것이다.

이때 그의 생각을 뒷받침하고 있었던 것은 독일 철학자 칸트이다. 칸트는 자유의지를 윤리적인 주체의 근간으로 이해했으며, 자유로운 자만이 윤리적인 판단과 실천을 감행할 수 있다고 생각한다. 자유의지를 지닌 존재만이 자신에게 부과된 자연적인 필연성에 거슬러 행동할 수 있다. 필요에 의해 규정된 삶은 자유롭다고 해도 진정으로 자유로운 것이 아니다. 생명을 가진 모든 존재들의 자연적 필요와 욕구 등은 이기적이며 타자를 도구화한다. 윤리란 이러한 필연적인 상황을 넘어서 존재한다. 이 때문에 칸트는 윤리적 정언명령에 나 이외의 존재를 수단으로 삼지 말라고 이야기한다. 그런데 더 중요한 것은 이러한 필연성을 극복하는 행위가 전적으로 자유의지에 의한 것이라는 점이다. 타율적으로 강제되거나 수동적으로 주어진 것이 아니라 자율적인 의지에 의해 '나'라는 존재는 윤리적인 주체가 된다. 조영식 박사가 주목한 것도 바로 이 점이다. 자유란 저절로 자연발생적으로 주어지는 것이 아니라 스스로의 자유의지에 의해 실천되는 것이다. 자신의 자유를 제한하는 것은 자유가 의지한다는 논리이다.

이러한 철학적 배경 속에서 조영식 박사는 근대적 정치사상들을 자유롭게 성찰하고 검토한다. 근대 민주주의 정치사상의 태동기에 발생한 자유방임주의에서부터 경제적 민주화와 정치적 민주화로 양분된 이데올로기 대립에 이르기까지 다양한 자유이론을 분석하고 장단점을 설명한다. 이러한 생각의 중심에는 '국민'이 있었다. 국민 전체의 행복과 번영을 '함께' 추구하지 않는다면 어떤 자유도 참된 자유가 될 수 없기 때문이다. 여기서 국민이란 다수의 집단이라는 개념으로 축소되지 않아야 한다. 그것은 향후 그의 사상의 가장 큰 중심이 되는 '인류' 전체라는 개념 속에서 다시 이해될 필요가 있을 것이다. 이 때문에 그는 근대 정치사상사에서 최대 다수의 행복을 내세웠던 공리론의 기여를 인정하면서도 일정한 거리를 두고 비판한다. 국민은 그야말로 전체 국민 하나하나를 가리킨다. 민주주의는 바로 이러한 모순을 해결하는 가장 합리적인 정치체계이다. 자유를 추구하되 그것은 어디까지나 전적으로 민주주의라는 정체 안에서의 자유를 의미한다. 그는 이렇게 말한다. "민주란 곧 일반 국민 전부를 지칭하는 것이지, 결코 특권자나 재벌들을 국민이라고 부를 수 없다. 국민 전체를 위해 전체 국민의 의사로 국민의 대표자가 공복公僕이 되어 일하는 것이 민주의 기본 이념이다."

오늘의 관점에서 보면 그의 정치사상은 그때 이미 완성된 것처럼 보인다. 왜냐하면 오늘날에도 낯설게 느껴지지 않기 때문이다. 그럼에도 하나의 사상이 태동했던 역사적 조건을 생각해보는 것은 이 책의 의미를 짚어보는 데 중요한 단서가 된다. 앞서도 말한 바와 같이 광복의 환희가 무색하도록 혼돈을 거듭했던 해방공간에서 누군가 학문적으로 차분히 민주주의의 정체에 대해 고민하고 또 이를 체계적으로 집필하고자 했다는 것은 상당한 집중력을 요하는 것이었다. 학문이란 하나의 개인, 혹은 하나의 민족이나 세대를 위해 존재할 수 없기 때문이다. 학문은 언제나 '보편 진리'를 지향한다. 조영식 박사가 수행하고자 했던 사명도 바로 이러한 것이었다. 또한 지금 우리가 다시 읽고 쓰고 있는 『민주주의 자유론』의 참된 의미이기도 하다.

미원전집편집위원회
미원조영식박사기념사업회

찾아보기

ㅇ

ㅈ

ㅊ

ㅋ

민주주의 자유론
자유 정체의 탐구

초판1쇄 인쇄 2014년 9월 15일
초판1쇄 발행 2014년 9월 22일

저자 조영식
편저자 미원전집편집위원회
윤문 신진숙

발행인 조인원
발행처 경희대학교 출판문화원

주소 서울특별시 동대문구 경희대로 26
전화 02-961-0106~8, 팩스 02-962-8840
설립 1960년 9월 16일 제5-8호
등록 1977년 11월 8일 제6-5호
홈페이지 www.khupress.com
전자우편 press@khu.ac.kr

ⓒ 조영식 · 미원조영식박사기념사업회, 2014

ISBN 978-89-8222-477-5 04300
978-89-8222-468-3 (세트)